Garten-pflanzen vermehren

Garten ZEIT

av BUCH

Jana Knoblich

Garten-pflanzen vermehren

av BUCH

Bildnachweis

Bildagentur Waldhäusl: Seite 2, 6, 8, 10 o. und u., 11, 12, 13, 14, 15, 16, 17, 18 u., 19, 20, 21, 23, 24, 25 l., 36, 37, 38, 41, 42, 43 u., 44, 45, 46, 47, 48, 49, 50, 51, 57 r., 58, 59, 61, 62, 63, 64, 65 o. und u., 66, 67, 68, 69, 70, 73, 74
Jana Knoblich: Seite 25 r., 39, 52 o. und u.
Wolfgang Redeleit: Seite 18 o., 29, 30, 43 o., 53 r. und l., 54, 55, 56, 57 l., 71, 72, 75

Impressum

Die Deutsche Bibliothek – CIP-Einheitsaufnahme
Die Deutsche Bibliothek verzeichnet diese Publikation in der Deutschen Nationalbibliografie; detaillierte bibliografische Daten sind im Internet über http://dnb.ddb.de abrufbar.

Projektleitung: Brigitte Millan-Ruiz, avBUCH
Redaktion: Redaktionsbüro Wolfgang Funke, Augsburg
Illustration: Heidi Janicek, München
Umschlag und Layout: Ravenstein + Partner, Verden
Satz: Karin Prugger, Das Agenturhaus, München
Bildreproduktion: BayWa Druckerei, München
Druck und Bindung: Westermann Druck, Zwickau

Printed in Germany

ISBN: 978-3-7040-2324-7

Garten ZEIT

av BUCH

Vorwort

Wer sich mit Pflanzen näher beschäftigt, stellt bald fest, dass Gestalt, Form und Größe sehr unterschiedlich sein können. So vielfältig wie die Blütenformen und Früchte, aus denen die folgenden Generationen entstehen, so unterschiedlich sind die Bedingungen, die Gewächse zum Austreiben brauchen. Die eine Pflanze keimt innerhalb von zwei Wochen in nahezu jeder Umgebung, während die andere vielleicht erst nach zwei Jahren intensivster Betreuung die ersten zarten Blätter zeigt. Die unterschiedlichen Ansprüche bezüglich des Pflanzenmaterials, der Pflege und Ausstattung der Umgebung erfordern auch eine Anzahl notwendiger Techniken und Handgriffe für die Vermehrung.
Natürlich gibt es ein paar Tricks, um schneller zum Erfolg zu kommen.
Aber wie kommt man an dieses Wissen? In diesem Buch wird versucht die Hauptvermehrungsarten so zu erklären, dass sie möglichst in den eigenen vier Wänden umgesetzt werden können – natürlich mit dem geringsten Arbeitsaufwand. Allerdings verhält es sich hier wie beim Kochen: Man muss schon einige Male üben, um es wirklich zu beherrschen und ein Gefühl dafür zu entwickeln. Die Routine lässt den Nutzer die Zusammenhänge zwischen Tätigkeit und Erfolg – oder Misserfolg – erkennen. Und jetzt geht es erst richtig los! Techniken der Vermehrung können abgewandelt werden, Tricks selbst entdeckt, um einige wenige davon anderen Pflanzen- und Gartenfreunden zu verraten. Das weckt den Wunsch nach noch mehr Wissen zum Thema Pflanzen und kann zu leidenschaftlichem Gärtnern führen ...

Wien, Januar 2009
Jana Knoblich

Pflanzen in der Natur

Strategien des Überlebens

Pflanzen sollten immer als Lebewesen gesehen werden, die sich mit uns die Erde teilen. Sie können sich nur dann gut entwickeln, wenn die passenden Voraussetzungen vorhanden sind. Das Wissen um Ansprüche und Vermehrung bilden die Basis für eine gute Beziehung zwischen Pflanze und Mensch.

Die Bedürfnisse von Pflanzen sind dabei so verschieden wie ihr Erscheinungsbild. In der Natur müssen sie teilweise extreme Klimabedingungen ertragen, in denen sie gerade noch überleben können. Aber Pflanzen sind wahre Überlebenskünstler. Sie haben sich an trockene, feuchte, sonnige, schattige, saure oder kalkreiche Standorte angepasst. In schlechten Zeiten reagieren sie zum Beispiel mit verringertem Wachstum oder dem Abwurf der Blätter. Viele Pflanzen blühen nicht und bilden keine Früchte, wenn die Lebensbedingungen schlecht sind und investieren dann ihre ganze Kraft in das Überleben. Doch besonders unter solchen widrigen Bedingungen setzten sich die Stärksten durch: Jene Pflanzen, die trotz schlechter Versorgung blühen und Samen bilden, werden sich verbreiten – andere nicht.

Wüstenpflanzen bevorzugen heiße und trockene Standorte mit mageren Böden.

Im Hausgarten werden wir natürlich alles daran setzen, die jeweiligen Ansprüche der Pflanzen zu erfüllen, denn schließlich will ja jeder die schönsten Pflanzen sein Eigen nennen! Um dieses Ziel zu erreichen, genügt es meist zu beobachten, ob sie gut gedeihen und sich wohlfühlen. Solange sie sich gut entwickeln, stimmen die Rahmenbedingungen. Kümmern sie, muss nach dem Störfaktor gesucht werden – meist sind die Ursachen bei guter Beobachtungsgabe leicht zu finden.

Der Regenwald bietet optimale Nährstoff- und Wasserversorgung.

Generative und vegetative Vermehrung

Viele der wildwachsenden Pflanzen vermehren sich durch die Ausbringung von Samen, der einmal im Jahr direkt nach der Blütezeit gebildet wird. Dieser wird durch Wind, Vögel und andere Tiere an einen Ort getragen, der die passenden Bedingungen für eine Keimung bietet.

Diese Form der Fortpflanzung über Samen nennt man generative Vermehrung. Dabei wird das Erbgut der Pflanze neu kombiniert, was mehrere Vorteile hat. Einerseits wird so die Gesundheit von Pflanzenarten erhalten, andererseits ermöglichen neue Genkombinationen die Anpassung an sich verändernde Lebensräume.

Im Laufe eines Pflanzenlebens können sich Merkmale entwickeln, die nicht unbedingt über Samen an die folgenden Generationen vererbt werden. Um diese bestimmten Charakteristika zu erhalten, kommt nun die vegetative Vermehrung zum Einsatz. Hier werden Pflanzen über verschiedene Teilstücke vermehrt, die Nachkommen sind dann genetisch identisch mit der Mutterpflanze. Auf diese Weise werden unter anderem Eigenschaften wie besonders schön gefüllte

Blüten, gedrehte Triebe oder mehrfarbige Blättern nachgezüchtet. Interessant daran ist, dass es sich dabei eigentlich um Fehlentwicklungen handelt, die sich in der freien Natur durchaus als Nachteil für die betreffende Art erweisen können.

Was ist eine Sorte?

Mit diesem Ausdruck werden Pflanzen bezeichnet, die sich durch bestimmte Merkmale oder Eigenschaften von der ursprünglichen Art unterscheiden. Sorten können auch als Variationen einer Pflanzenart bezeichnet werden. Die ursprüngliche Pflanze hat beispielsweise einfache, fünfzählige Blüten, während die Sorte gefüllte Blüten besitzt. Sogenannte Wildsorten sind Produkte einer zufälligen Entwicklung, einer Mutation oder der natürlichen Auslese. Einige entwickeln Anpassungen an bestimmte Standorte, andere bleiben - durch eine Laune der Natur - kleinwüchsig, weisen Blattfärbungen oder neue Blütenformen auf.

Gezielte Auswahl

Auch Menschen greifen natürlich in die Bildung neuer Sorten ein. Bei Edelsorten werden dabei gezielt erwünschte Eigenschaften verstärkt, wie Widerstandsfähigkeit gegen Krankheiten, bestimmte Blütenfarben oder Fruchtformen. Als Beispiel können Rosen angeführt werden. Von den ursprünglichen Arten gibt es mittlerweile viele Sorten, die sich durch Blütenformen, -größe, -anzahl oder -farben voneinander unterscheiden.
Neben der Produktion von Zierpflanzen ist der Gemüsebau ein wichtiger Einsatzbereich. Kultursorten haben einen besonderen Geschmack, bestimmte Fruchtformen oder -farben oder andere Eigenschaften, die sie von der Wildart unterscheiden. Die Wurzel der Wildkarotte zeigt beispielsweise nur eine leicht rötliche Färbung, während die Kultursorten meist leuchtend orangefarbene Wurzeln tragen.
In den letzten Jahren wird versucht die Vielfalt von Gemüse und Obst wieder zu nutzen. Mit Hilfe von Hobbygärtnern werden in Vergessenheit geratene Pflanzen wieder angebaut. Die mit der Hand durchgeführte Bestäubung der Blüten sichert hier die Vermehrung der reinen Sorten. Gerade die Qualität alter, oft nur regional vorhandener Nutzpflanzen kann auf diese Weise erhalten werden.

Intensive Farben und große Blüten sind oft das Ergebnis von Züchtungen.

Sorten sind Varianten einer Art, die sich in bestimmten Merkmalen unterscheiden.

Der Mensch als Bestäuber

Möchte der Gärtner eine bestimmte Neukombination fördern, entfernt er einige Tage vor der Reife der ausgewählten Blüte die Blütenblätter und die eventuell vorhandenen Staubgefäße und schützt den Stempel mit einer Plastikhülle vor zufälliger Bestäubung. Nach einigen Tagen ist der Stempel klebrig, also reif.
Jetzt kann mit dem Pinsel oder Finger Pollen von der ausgesuchten Blüte einer „Vaterpflanze“ auf den Stempel der „Mutterblüte“ platziert werden. Ist die Bestäubung erfolgreich, bilden sich nun Samen, die - hoffentlich - verstärkt die erwünschten Eigenschaften entwickeln.

Allgemeine Grundlagen

Vermehrung durch Samen

Pflanzen produzieren ihren Samen auf unterschiedlichste Weise. Viele bilden trockene Früchte wie Schoten, Kapseln und ähnliche Gebilde, die sich bei Vollreife öffnen und dann den Samen freigeben. Andere verfügen über ausgeklügelte Hilfsmittel zur Verbreitung der Samen, wie z. B. der Schleudermechanismus des Springkrautes.

Mohnkapseln sind Meisterwerke der Natur

Die Natur ist ausgesprochen erfinderisch, wenn es um die Verbreitung von Samen geht.

Einfallsreiche Natur! Löwenzahnsamen sind mit Schirmchen ausgestattet, mit denen sie weite Strecken segeln können.

Samenverbreitung in der Natur

Oft ist der Samen von Fruchtfleisch umgeben, Obst und Fruchtgemüse wie Tomaten sind dafür klassische und schmackhafte Beispiele. Die essbare Hülle dient den Pflanzen in erster Linie dazu Tiere anzulocken, die den Samen durch ihre Ausscheidungen weiterverbreiten. In manchen Fällen wird durch die starke Beanspruchung im Magen- und Darmtrakt von zum Beispiel Vögeln der Abbau von wuchshemmenden Stoffen bewirkt, wodurch die Keimung erst möglich wird.
Viele Pflanzen geben ihren Samen Flügel, die sie mehr oder weniger weit forttragen. Dazu gehören die Früchte der Ahorn-Arten und Eschen ebenso wie die Schirmchen der Löwenzahnsamen. Ganz allgemein gilt: Zur optimalen Produktion von Samen sind bestimmte Voraussetzungen notwendig. Steht die Pflanze am falschen Standort, hat sie zu wenig Sonne oder Wasser, braucht sie ihre ganze Kraft zum Überleben und drosselt die Blüten- und Fruchtbildung.

WICHTIG ZU WISSEN

Einige Pflanzenarten haben sehr kurzlebige Samen, die nur für einige Wochen keimfähig sind. Andere Samen können unter den richtigen Bedingungen Jahrhunderte überdauern und immer noch lebensfähige Keimlinge enthalten, wie die Ausgrabungen mancher Altertümer zeigen. Die meisten Samen bleiben bei kühler Lagerung 2-3 Jahre keimfähig.

Samen ernten

Der richtige Zeitpunkt der Ernte ist sehr wichtig – die Samen müssen das Stadium der Vollreife erreicht haben. Zu erkennen ist dies oft an der typischen Färbung der Samen, die erst bei abgeschlossener Reife auftritt. In anderen Fällen zeigen die nun trockenen Samenbehälter eine bisher nicht vorhandene Öffnung. Jungfer im Grünen oder Stockrose sind Beispiele für Pflanzen, die einen solchen Mechanismus nützen. Beobachtet man die Pflanzen genauer über einen längeren Zeitraum, lassen sich Veränderungen leicht erkennen. Natürlich sollte für die Ernte der Samen der spätest mögliche Zeitpunkt gewählt werden, der noch vertretbar ist. Oft garantieren nur vollreife Samen gute Lager- und vor allem Keimfähigkeit. Allerdings haben auch überreife Früchte ihre beste Erntezeit schon verpasst – hier ist ebenfalls mit einer verminderten Saatgutqualität zu rechnen.

HÄUFIGE FEHLER

Bei Früchten, die aufplatzen oder sich beim Trocknen öffnen, um ihre Samen in die Welt zu entlassen, kann ein Säckchen aus Leinen oder anderem feinem Gewebe das Ausstreuen der Samen verhindern. Die Auffanghilfe wird um die Frucht herum an der Pflanze festgebunden und soll auf jeden Fall luftdurchlässig sein. Bei zu wenig Luftzutritt kommt es zu Fäulnis oder Schimmelbildung und das Saatgut ist zerstört. Schimmelnde oder faulende Samen sind nicht mehr keimfähig.

Reife Samen haben meist eine braune Färbung und wirken trocken.

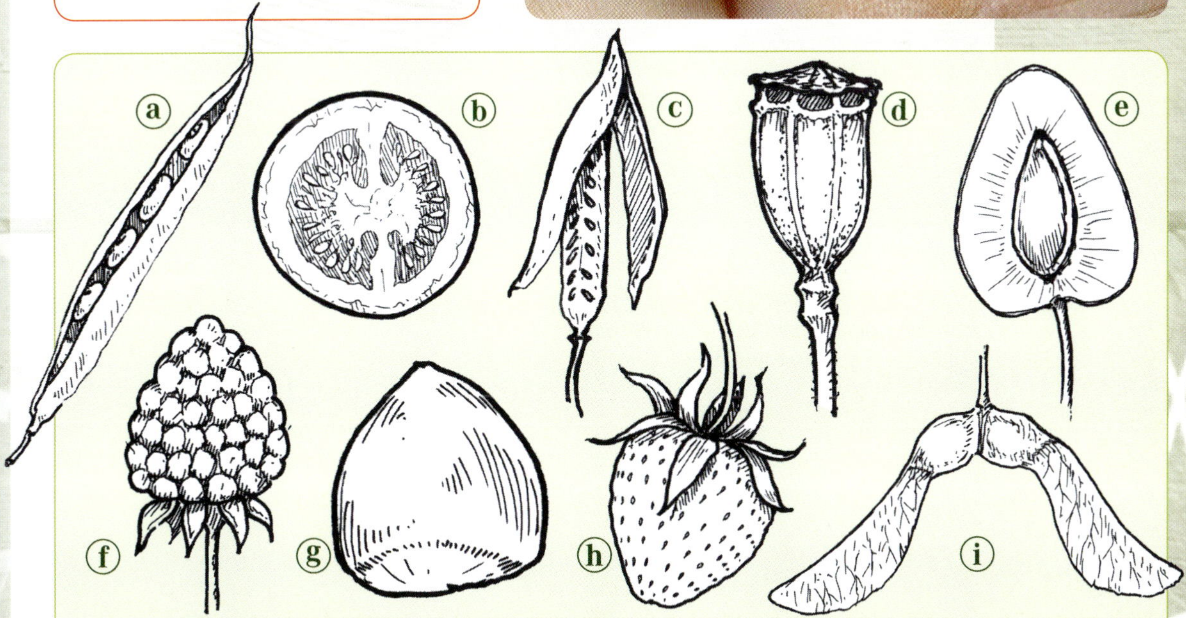

Vielfältige Fruchtformen:
a) Hülse (Bohne)
b) Beere (Tomate)
c) Schote (Silbermoon)
d) Kapsel (Mohn)
e) geflügeltes Nüsschen (Esche)
f) Sammelsteinfrucht (Himbeere)
g) Nuss (Haselnuss)
h) Sammelnussfrucht (Erdbeere)
i) Spaltfrucht (Ahorn)

Die Nussfrüchte der Waldrebe besitzen federartige Borsten, die eine Verbreitung durch den Wind begünstigen.

Vorzeitige Ernte

Bei der Ernte von Beeren oder anderen fleischigen Früchten treten wir mit Tieren in Konkurrenz, die ebenfalls Interesse an einer Ernte zeigen. Sollte sich abzeichnen, dass der Gärtner nicht rechtzeitig zur Fruchtreife zur Stelle sein kann, um das Saatgut zu ernten, kann die Frucht auch einige Tage vor dem Reifetermin abgenommen werden. In diesem Fall muss eine Lagerzeit eingeplant werden, d.h. die Früchte oder Kapseln werden für einige Tage oder Wochen an einem luftigen, schattigen Ort auf Papier ausgebreitet, da der Prozess der Samenreife noch etwas andauert.

HÄUFIGE FEHLER

Wichtig ist von Anfang an eine genaue Beschriftung. Welche Pflanze, evtl. welche Sorte, das Datum und der Ort der Ernte sollten genau festgehalten werden. Solche Informationen sind schnell vergessen!

IMMER MIT DER RUHE

Zur Reinigung von Saatgut können Siebe verwendet werden. Meistens reichen kleinmaschige Küchensiebe für die Trennung von Samen und Spreu völlig aus. Es gibt aber Spezialsiebe im Fachhandel.

Reinigung und Trocknung

Nach der Ernte müssen die Samen aufbereitet werden, um die größtmögliche Keimfähigkeit zu erhalten. Der Aufwand wird im nächsten Frühjahr belohnt, wenn die jungen Keimlinge ihre ersten zarten Blättchen aus dem Boden strecken.

Trockenreinigung

Wie sich leicht erraten lässt, betrifft dies alle Samen, die in trockenen Hüllen, Kapseln oder ähnlichen Gebilden heranwachsen. Nach der Ernte werden diese auf trockenen Tüchern oder saugfähigem Papier ausgebreitet und für einige Tage getrocknet. Dann befreit man die Samen von ihrer Umhüllung oder schneidet Anhänge wie zum Beispiel Flügel ab.

Bei dieser Prozedur kann jede Frucht einzeln behandelt und dabei gleich das Saatgut nach Farbe und Größe beurteilt werden. Die trockenen Hüllen können aber auch in einem Tuch vorsichtig gerieben und durch Schütteln oder Aussieben die Keimkörner vom Rest getrennt werden. Für beide Vorgehensweisen braucht man etwas Geduld und Geschick.

Nach der Gewinnung des eigentlichen Saatgutes wird das Material nochmals für einige Tage getrocknet. Auf diese Weise soll der Wassergehalt weiter reduziert werden, damit das Saatgut während der Lagerung nicht schimmelt.

Nassreinigung

Diese Reinigungsmethode eignet sich für sämtliche Früchte mit fleischiger Fruchthülle. Nach der Ernte muss zunächst die feuchte oder fleischige Ummantelung von den eigentlichen Samen entfernt werden, da es sonst leicht zu Fäulnis oder Schimmelbildung kommt. Bei Äpfeln oder Birnen ist das kein Problem - die Kerne lassen sich gut herauslösen und unter fließendem Wasser reinigen. Die weitere Behandlung erfolgt wie bei der Trockenreinigung.

Nassreinigung mit Gärung

Bei Tomaten, Gurken und ähnlichen Fruchtgebilden gestaltet sich die Reinigung der Samen etwas schwieriger. Zunächst müssen keimhemmenden Stoffe abgebaut werden, welche in der eher glitschigen, dichten Hülle enthalten sind, die jeden einzelnen Samen umgibt. Dies geschieht durch Gärungsprozesse.

Die Samen werden dazu mit möglichst wenig Fruchtfleisch in ein Glas gegeben und anschließend mit Wasser bedeckt. Nach ein bis zwei Tagen löst sich das Fruchtfleisch von den Samen und schwimmt an der Wasseroberfläche, während die Samen zu Boden sinken. Das Wasser mit dem Fruchtfleisch wird abgegossen und durch frisches ersetzt. Diese Prozedur wiederholt man so oft, bis die Samen relativ rein sind. Der ganze Vorgang sollte möglichst schnell passieren. Sobald sich die Einzelkörner rau anfühlen, müssen sie getrocknet werden, da sie sonst sofort anfangen zu keimen.

Samen müssen sorgfältig gereinigt werden, damit man sie aufbewahren kann.

Melonen umgeben ihre Samen mit Fruchtfleisch, nach einer Reinigung unter Wasser werden sie getrocknet.

Jeder einzelne Samen des Granatapfels ist mit einer Fruchthülle umgeben, die entfernt werden muss.

Der Keimtest

Saatgut verliert im Lauf der Zeit die Fähigkeit zur Keimung. Das Testen ist bei Samen sinnvoll, die schon länger als ein Jahr liegen oder deren Keimfähigkeit aus anderen Gründen angezweifelt wird. Auf diese Weise kann relativ schnell die Lebensfähigkeit überprüft werden, ohne gleich eine komplette Aussaat inklusive regelmäßiger Pflege zu machen und vielleicht eine herbe Enttäuschung zu erleben.

So wird es gemacht

Es reicht aus, wenn etwa 10 % des gelagerten Saatguts für die Keimprobe genutzt werden. Zur Überprüfung wird eine abgezählte Menge Samenkörner auf ein nasses Küchenhandtuch oder eine mit Wasser getränkte Küchenrolle gelegt und eine Keimung angeregt. Allerdings sollten die Samen erst einige Tage in Wasser vorquellen, da nur mit Wasser angereicherte Körner austreiben. Um eine Austrocknung zu verhindern, kann die Unterlage mitsamt den Samen eingerollt und in einer Plastikhülle mit Luftlöchern aufbewahrt werden. Es ist auch möglich die Keimprobe in einem fla-

Die Keimprobe gibt Auskunft über die Keimfähigkeit.

Samen aufbewahren

Bewahren Sie Samen wenn möglich nicht länger als ein Jahr auf.

Nach der jeweils notwendigen Vorbereitung werden die Keimkörner in ein trockenes Tuch oder ein Stück Küchenrolle gewickelt, locker, aber gut verschlossen – Büroklammern oder Wäscheklammern eignen sich zum Beispiel dazu –, beschriftet, in ein Gefäß gepackt und an einem kühlen Ort aufbewahrt. Hierfür können unter anderem verschließbare Plastikboxen oder Gläser mit Drehverschluss verwendet werden. Die Samen sollen atmen können, dürfen aber nicht zuviel Luftzufuhr erhalten, da sie sonst schneller altern.

Für die Winterlagerung bietet sich der Kühlschrank oder ein Kellerraum an. Es sollte kühl und trocken, aber nicht zu feucht sein oder frieren. Die Lagertemperatur ist von besonders großer Bedeutung – sie sollte sich im Temperaturbereich von knapp über 0 °C bis 10 °C bewegen und möglichst nicht zu stark schwanken.

chen Gefäß mit Rand durchzuführen. Dazu füllt man ca. 1 cm hoch Wasser ein und legt dann ein Stück Löschpapier, Küchenrolle oder ein kleines Tuch darauf, auf dem die Samen verteilt werden. Gegen das Austrocknen wird eine durchsichtige Plastikhülle oder ein Plastiksack über das Gefäß gestülpt, mit einem Gummi befestigt und alles an einem warmen, vor direktem Sonnenlicht geschützten Ort aufgestellt.

Auswertung der Keimprobe

In der Regel zeigen sich innerhalb einer Woche die ersten Keimwurzeln. Je mehr Körner austreiben, desto besser ist die noch vorhandene Keimfähigkeit des getesteten Saatgutes. Zur Auswertung werden die aufgegangenen Keime gezählt und der Prozentanteil berechnet. Vom Kleinen wird so auf das gesamte Keimgut geschlossen und eine Abschätzung der noch vorhandenen Keimfähigkeit gemacht.

WICHTIG ZU WISSEN

Nimmt man eine runde Anzahl für die Keimprobe, ist das Umrechnen in Prozent leichter. Man schätzt etwa 10 % des Saatgutes ab und zählt dann eine runde Summe aus. 10 oder 20 Samen sind nicht viel, reichen aber für eine grobe Einschätzung.

Licht, Temperatur und Keimung

Die meisten Samen brauchen keine Vorbehandlung, sie keimen, sobald die äußeren Bedingungen es zulassen. Wenn es wärmer wird und der Boden feucht genug ist, beginnt das Wachstum.

Keimruhe – ein Kunstgriff der Natur

Um unnötige Verluste, zum Beispiel durch Spätfröste, zu verhindern, haben einige Pflanzenarten ihre Samen mit einer Keimhemmung ausgestattet, die erst überwunden werden muss. Auch hier hat die Natur verschiedene Varianten im Angebot.
Dazu zählt etwa eine sehr harte Schale, die kein Wasser ins Innere lässt und so das Wachstum des Keimlings verzögert. Oder es sind wachstumshemmende Stoffe in der äußeren Hülle enthalten, die erst abgebaut werden müssen.
In anderen Fällen legt der Keimling erst eine Ruhephase von mehreren Monaten ein, bevor er sein Wachstum innerhalb der Samenschale beendet und nach außen dringt. Auf diese Weise können bei manchen Pflanzen bis zu zwei Jahren vergehen, bevor das Saatgut austreibt.
Oft dient diese Ruhephase aber nur dazu den Winter zu überdauern und ein Absterben der kleinen Pflanzen durch unerwartete Spätfröste abzuwenden.

WICHTIG ZU WISSEN

Die Keimruhe kann in einigen Fällen umgangen werden, indem man die Samen kurz vor dem eigentlichen Reifezeitpunkt erntet und nach einer sofortigen Aufbereitung aussät. Diese Methode wird zum Beispiel bei Eichen, Buchen und Rosensamen eingesetzt.

Eicheln enthalten einen hohen Anteil an Wasser.

Die Samen des Taschentuchbaums keimen erst nach doppelter Kälteeinwirkung.

Vorquellen

Um ein gleichmäßiges Keimen möglichst vieler Samen zu erreichen, wird vor der eigentlichen Aussaat eine Behandlung zur Verbesserung der Keimfähigkeit durchgeführt. Dazu werden die Samen von zum Beispiel Tomaten und Gurken zum Vorquellen mehrere Stunden in Wasser eingelegt, damit die Keimlinge genug Flüssigkeit aufnehmen, um die Kraft aufzubringen, ihre Hüllen zu durchbrechen.

Stratifikation

Zur Vorbehandlung von Samen gehört auch die Stratifikation: Diese Methode zur Lösung der Keimhemmung wird bei Samen von Gehölzen, also Bäumen und Sträuchern verwendet. So brauchen die Samen vieler Ahornarten, der Felsenbirne sowie der verschiedenen Hartriegel – wie in der Natur – eine Lagerung in feuchtem Substrat, um ein gleichmäßiges Keimen zu erreichen.

Kalt-Nass-Stratifikation

Das wichtigste Verfahren zur Vorbehandlung der Samen ist die Kalt-Nass-Stratifikation. Das Saatgut wird dabei abwechselnd

Deutscher Name	Lateinischer Name	Dauer der Kalt-Nass-Stratifikation
Fächerahorn	*Acer palmatum*	6 - 8 Monate
Französischer Ahorn	*Acer monspessulanum*	9 - 10 Monate
Felsenbirne	*Amelanchier*	6 Monate
Hainbuche	*Carpinus*	3 - 4 Monate
Hartriegel	*Cornus*	6 - 8 Monate
Weiß-, Rotdorn	*Crataegus*	5 - 12 Monate
Seidelbast	*Daphne*	5 - 6 Monate
Spindelstrauch	*Euonymus*	2 - 4 Monate
Prunkspiere	*Exochorda*	1 - 2 Monate
Zaubernuss	*Hamamelis*	10 - 11 Monate
Sanddorn	*Hippophae*	1 - 3 Monate
Mahonie	*Mahonia*	6 - 8 Monate
Magnolie	*Magnolia*	3 - 5 Monate
Kirsche - Verwandte	*Prunus*	3 - 5 Monate
Rosen-Arten	*Rosa*	5 - 6 Monate (keimen oft erst im 2.Jahr)
Flieder	*Syringa*	Meist 1 - 2 Monate
Nadelgehölze		
Scheinzypresse	*Chamaecyparis*	2 - 3 Monate
Fichte	*Picea*	1 Monat
Föhre, Kiefer	*Pinus*	Meist 1 - 2 Monate
Eibe	*Taxus*	12 - 18 Monate
Thuje, Lebensbaum	*Thuja*	1 - 2 Monate

mit einigen Lagen Sand in ein Gefäß, zum Beispiel einen Tontopf, geschichtet und an einen kühlen Platz - nahe dem Gefrierpunkt - gestellt. Wichtig ist die permanent feuchte Umgebung, es muss auch regelmäßig Luft an die Samen kommen - das richtige Gleichgewicht ist von großer Bedeutung. Hier ist Fingerspitzengefühl gefragt.
Innerhalb einiger Monate werden auf diese Weise keimhemmende Stoffe abgebaut oder die Keimruhe des Embryos gebrochen. Meist kann die Aussaat im kommenden Frühjahr durchgeführt werden. Einige Samen, wie zum Beispiel die Samen des Taschentuchbaumes *(Davidia)*, brauchen sogar zwei Kaltperioden, um ihre Keimhemmung abzubauen. Auch ausgereifte Rosensamen brauchen zwei Jahre bis zur Keimung.

Lichtkeimer

Wie bereits erwähnt, fangen viele Körner an auszutreiben, sobald die Temperaturen steigen und der Boden einen gewissen Feuchtegrad aufweist. Einige Samen brauchen aber auch Licht als Auslöser für ihren Start. Die im Frühjahr zunehmende Tageslänge führt zu längerer Belichtung und gibt damit das Signal für das Wachstum des Keimlings. Diese sogenannten Lichtkeimer reagieren auf eine Abdeckung der Samen mit verminderter Keimung oder treiben gar nicht aus. Hierzu zählen vor allem Pflanzen mit sehr feinen Samen wie der Mohn. Männertreu *(Lobelia)*, Begonien *(Begonia)*, aber auch die Königskerzen *(Verbascum)* gehören ebenfalls zur Gruppe der Lichtkeimer.

Dunkelkeimer

Manche Samen weigern sich zu keimen, wenn sie zu viel Licht erhalten. Sie müssen nach der Aussaat unbedingt mit Erde bedeckt werden, da sonst der Wachstumsprozess nicht einsetzt. Storchschnabel *(Geranium)*, Rittersporn *(Delphinium)* und Mais *(Zea)* sind Pflanzen, deren Saatgut mit 2 - 3 cm Erde bedeckt werden muss, damit die Entwicklung von Sämlingen stattfinden kann.

Kaltkeimer

Als Kaltkeimer bezeichnet man Pflanzen, die Temperaturen um den Gefrierpunkt ausgesetzt werden müssen, bevor sie im Frühjahr keimen. Viele Bäume und Sträucher zählen zu dieser Gruppe, ebenso Pflanzen aus dem alpinen Lebensraum. Die Temperaturen um den Gefrierpunkt führen zu einem gleichmäßigen Wachstum und lassen mehr Samen austreiben.

Ein Trick aus der Praxis

Das Saatgut wird in Kisten gesät und für etwa zwei Wochen bei normalen Temperaturen feucht gehalten. Anschließend werden die Kisten 6-8 Wochen ins Freie gestellt. Bietet die Natur nicht die ausreichenden Temperaturen, können kleine Pflanzschalen auch für einige Wochen im Kühlschrank aufbewahrt werden. Danach werden sie bei etwa 10°C bis zur Keimung aufgestellt.
Die Aussaat im Freiland kann für Kaltkeimer bereits im März erfolgen. Allerdings hängt auch hier viel vom Wetter ab, da auch spät im Frühling noch Frost auftreten kann, der junge Pflanzen stark in Mitleidenschaft zieht. Für diesen Fall sollte an einen Frostschutz für die zarten Sämlinge gedacht werden.

Manchmal muss der Samen überlistet werden, damit er auskeimt.

Samen des Rittersporn keimen besser, wenn sie im Dunkel der Erde liegen.

Aussaat im Freiland

Im Spätherbst bereitet man die Beete zur Aussaat im Frühling vor. Abgestorbene Pflanzen und Unkraut werden entfernt und in den Boden eingearbeitet. Im Frühling - etwa ab April - wird die Oberfläche mit dem Rechen fein abgezogen und noch einmal aufgelockert. Nachdem die Fläche geglättet und grobe Brocken entfernt wurden, kann gesät werden.

Wichtig ist die Vorbereitung des Bodens und das alle Rahmenbedingungen stimmen.

Am praktischsten ist die Reihensaat. Pflege, Düngung und Bewässerung der Flächen gestalten sich hier am einfachsten. Mit einem Holzstück werden dazu 2-3 cm tiefe Rillen gezogen, in die das Saatgut gestreut wird. Die Saatrillen werden verschlossen, leicht angedrückt und gegossen.

Zum Schutz der aufgehenden Saat kann auch ein einfacher, selbst gebauter Frühbeetkasten aufgestellt werden. Dazu werden vier Bretter an den Kanten zusammen genagelt. Diese können bei Spätfrost mit Folie abgedeckt werden.

Den Boden bereiten

Um quellen und keimen zu können, braucht das Samenkorn einen guten Bodenkontakt, also im Idealfall ein glatt ge-

HÄUFIGE FEHLER

Im Freiland ist die Aussaat am einfachsten. Hier ist die Gefahr des Schimmelns oder Austrocknens am geringsten, da die Pflanzen genug Luftaustausch haben und im Frühjahr meist ausreichend Feuchtigkeit vorhanden ist. Doch auch hier kann einiges falsch gemacht werden. So muss man darauf achten, dass der Boden geeignet und entsprechend vorbereitet ist. Lehmböden sind beispielsweise schwer und neigen zu Verdichtung. Hier ist eine Direktsaat nur möglich, wenn die Durchlässigkeit mit Sand und Kompost verbessert wird.

IMMER MIT DER RUHE

Bei sehr kleinen Samen ist es schwierig, für einen gleichmäßigen Abstand zwischen den Einzelkörnern zu sorgen. Einfacher geht es, wenn man die Samen mit Sand vermischt. Beim Ausstreuen verteilen sich die Körner dann von alleine, außerdem ist auch ein besserer Abfluss des überschüssigen Wassers gewährleistet.

Aussattermine für Sommerblumen und Gemüse

Deutscher Name	Lateinischer Name	Termin
Bartnelke	*Dianthus*	Mitte Mai - Juli
Duftsteinrich	*Lobularia*	Mai
Vergissmeinnicht	*Myosotis*	Juli
Jungfer im Grünen	*Nigella*	Mitte März - Ende Juli
Bartfaden	*Penstemon*	März - April bei 18 °C
Sonnenhut	*Rudbeckia*	März - April bei 18 °C
Große Kapuzinerkresse	*Tropaeolum*	Ende April - Anfang Mai, horstartig
Mangold	*Beta*	Ende März - Juli
Karotte	*Daucus*	Mitte April - Anfang Juli
Maggi-Kraut	*Levisticum*	Frühherbst oder Mai
Majoran	*Origanum majorana*	Mitte Mai
Salbei	*Salvia*	Februar/März im Topf

harktes Beet. Dies ist in vielerlei Hinsicht von Bedeutung. Erhebungen trocknen beispielsweise schneller aus als ihre Umgebung. Kommt ein Samenkorn auf einer solchen zu liegen, findet es nicht genügend Feuchtigkeit zum Quellen vor. In Senken dagegen sammelt sich das Wasser, das Samenkorn säuft ab und verfault. Ebenso sinnvoll ist es, das Saatgut nach der Aussaat leicht anzudrücken, da es nicht locker im Boden liegen darf.

WICHTIG ZU WISSEN

Saatgut muss - wie bereits erwähnt - feucht gehalten werden, wenn es austreiben soll. Die Körner sollen aber auch atmen können, sie brauchen also Sauerstoff. Aus diesem Grund ist es sehr wichtig, dass überschüssiges Wasser schnell abfließen kann. Um das zu gewährleisten, wird für das Antreiben von Saatgut eine Mischung aus etwa 1/3 Anzuchterde und 2/3 Sand verwendet.

Starthilfe geben

Der Übergang vom Samen zum Sämling, also die „ersten Tage" der kleinen Pflanze, sind eine wichtige Phase: Der Same soll permanent feucht gehalten werden, aber die zarten Sämlinge, denen man manchmal zuviel des Guten tun möchte, dürfen nicht zuviel Wasser bekommen. Sie würden sonst sprichwörtlich ertrinken! In der ersten Zeit sind das Wachstum der Keimwurzel und das Austreiben der Keimblätter besonders wichtig. Erwähnenswert ist auch, dass die Keimblätter meist ganz anders ausschauen als die jeweils typischen Laubblätter der Pflanzen. Also nicht zu früh die vermeintlich falschen Keimlinge ausreißen!

Aussaat auf der Fensterbank

Bereits ab Ende Februar kann man damit beginnen, zum Beispiel Sommerblumen auf hellen, frostfreien Fensterbänken vorzuziehen. So hat man im Frühjahr bereits ausgewachsene Pflanzen, die bald in voller Blüte stehen werden.
Im Fachhandel gibt es Aussaatschalen in allen Größen. Große Samen wie Bohnen oder Nüsse können gleich in Einzeltöpfe gelegt werden. Feine Samen werden in Breitsaat in Schalen ausgestreut.

Andrückbrett

Dieses Brett mit Griff wird zum Andrücken der lockeren Erde in frischen Saatschalen verwendet. Man kann es auch selber herstellen und dabei die Form - rund oder eckig - an die vorhandenen Gefäße anpassen. Jedes kleine Brettchen kann verwendet werden, das eine glatte Unterseite hat. Auf diese Weise bleibt die Erde nicht hängen und beim Reinigen lösen sich auch keine Splitter ab.

Das Fensterbrett in einem kühlen Raum ist die optimale Kinderstube für Sämlinge und Herbststecklinge.

Aussaat im Pflanzgefäß

- Mischen des Substrates
- Lockeres Einfüllen in ein passendes Aussaatgefäß
- Leichtes Andrücken des Substrates (gibt später der Pflanze Halt)
- Möglichst gleichmäßiges Aufbringen des Saatgutes
- Nochmals leicht andrücken
- Mit einem Sieb eine dünne Schicht Anzuchterde über die Samen verteilen
- Als Abschluss noch eine dünne Schicht Sand darüber sieben

Um eine schnelle Austrocknung zu verhindern, werden die Saatgefäße mit Plastikhüllen geschützt. Hierfür können durchsichtige, Kunststofftüten verwendet werden, wie man sie in den meisten Supermärkten bekommt. Damit ein Luftaustausch stattfinden kann, reicht es, einige kleine Löcher in die Plastikhüllen zu stechen.

WICHTIG ZU WISSEN

Für alle Varianten der Pflanzenaufzucht in Saatschalen gilt, dass der Standort möglichst windgeschützt und hell sein soll – direkte Sonneneinstrahlung soll nach Möglichkeit vermieden werden.

IMMER MIT DER RUHE

Die Samen keimen nicht? Falsche oder schwankende Temperaturen beeinflussen die Keimung enorm. Alle Keimlinge haben eine sogenannte Wohlfühltemperatur sowie einen Grenzbereich, den sie gerade noch tolerieren. Ist es zu warm oder zu kalt, wird das Wachstum eingestellt.

Pikieren

Sät man in Saatschalen, müssen die auflaufenden jungen Pflanzen spätestens dann vereinzelt, also pikiert, werden, wenn sie sich berühren. Versäumt man dies, wachsen die Wurzeln der Sämlinge ineinander und verfilzen. Aufgrund des geringen Raumes schießen die Pflanzen außerdem in die Höhe und werden lang und unansehnlich. Hinzu kommt, dass die Sämlinge nur über wenige Reserven verfügen. Sie dürfen also nicht zu lange unter schlechten Bedingungen wachsen, sonst sterben sie ab.
Die Sämlinge und ihre Wurzeln werden daher mit dem Pikierholz (siehe Seite 39) vorsichtig aus der Pflanzschale gelöst und in mit Blumenerde gefüllte, nicht zu große Einzelgefäße gepflanzt und vorsichtig angedrückt. Dabei muss man darauf achten, dass die feinen Wurzeln beim Verpflanzen

Das Pikierholz ist eine wichtige und nützliche Hilfe bei der Arbeit mit Sämlingen.

nicht gequetscht werden. Die zarten Pflanzen darf man aber auch nicht zu tief setzen, sonst fault der junge Stängel.

Pflanzenschutz für Sämlinge

Junge Pflanzen können leicht an Pilzinfektionen erkranken, die durch das warme, feuchte Klima in den Aufzuchtkästen und Saatschalen begünstigt werden.
Auch die sogenannte Umfallkrankheit wird durch Pilze verursacht. Die Stängel der befallenen Pflanzen verfärben sich in Bodennähe schwarz oder glasig dunkel, knicken und die Jungpflanzen sterben ab. Die gesunden Pflanzen können nur durch schnelles Umsetzen in gesundes Substrat gerettet werden. Eine Infektion kann durch Hygiene und Optimierung der Bedingungen verhindert werden.

WICHTIG ZU WISSEN

Auf die Oberfläche von frisch angelegten Aussaaten kann eine dünne Schicht Sand aufgebracht werden. Durch die Abdeckung wird Wasser schnell von der Oberfläche abgeleitet und das eigentliche Substrat unter dieser Schutzschicht feucht gehalten. Die Samen haben die richtigen Bedingungen zum Keimen – die Ansiedelung von Pilzen wird aber zumindest erschwert.

Vorsicht! Die feuchte Erde bietet auch gute Lebensbedingungen für Schadpilze.

Stecklingsvermehrung

Die vegetative Vermehrung über Stecklinge hat den Vorteil, dass man bereits weiß, wie die Pflanze einmal aussehen wird. Aus Stecklingen gezogene Pflanzen sind auch in ihrer Entwicklung den Sämlingen schon weit voraus. Sie müssen nicht erst alle Pflanzenteile entwickeln. Ihre Aufgabe ist es lediglich, die fehlende Wurzel nachzubilden und dann weiter zu wachsen.

HÄUFIGE FEHLER

Wichtig ist die richtige Auswahl des Ausgangsmaterials. Pflanzen, von denen Stecklinge geschnitten werden sollen, müssen gesund sein und dürfen keinen Schädlingsbefall aufweisen.
Das Wuchsverhalten der Pflanzen soll kräftig sein, da abgeschnittene Triebe dann bessere Chancen haben, sich gut weiterzuentwickeln.

Bis zur Wurzelbildung sind Stecklinge sehr empfindlich und wollen geschützt werden.

Die bereits typisch gestalteten Blätter Keimblätter des Johanniskrauts.

Was sind Stecklinge?

Als Stecklinge werden von Pflanzen entnommene Teile bezeichnet, die, in geeignete Erde gesteckt, anschließend Wurzeln bilden und zu eigenständigen Pflanzen heranwachsen. Oft sind dies junge Zweige, an denen die Blätter belassen werden, damit die „Teilpflanze" zumindest noch die oberirdische Versorgung fortführen kann.
Welche Teile der Pflanze verwendet werden können, hängt von den Eigenschaften und der Wuchskraft der jeweiligen Art ab. Es muss auch darauf geachtet werden, dass die verwendeten Teile nicht älter als ein Jahr sind, da die Kraft zur Regeneration mit der Zeit abnimmt.

Stecklingsarten

Kopfsteckling Mit diesem Begriff ist nicht der oberste Zweig gemeint. Der Kopfsteckling wird zwar im oberen Drittel der Pflanze geschnitten, es handelt sich dabei aber um das vordere Ende, also die Vegetationsspitze, eines Triebes.

Teilsteckling Die Triebe mancher Pflanzen können in mehrere Teilstücke geschnitten werden, die 2-3 Knospen und Blätter besitzen sollen.

Fußsteckling Der Zweig wird aus dem Bereich knapp über dem Boden geschnitten. Der obere Teil des Triebes ist grün, an der Schnittstelle hat sich meist schon Rinde gebildet – der Steckling hat also eine leicht verholzte Basis.

Blattsteckling Diese schneidet man vor allem bei Zimmer- und Balkonpflanzen. In diesem Fall muss die heranwachsende Pflanze nicht nur Wurzeln, sondern auch die eigentliche Sprossachse bilden. Einige Zimmerpflanzen schaffen es sogar aus Blattteilen neue Pflanzen zu bilden.

Knotensteckling Hierzu wird ein Blatt so geschnitten, dass ein kleines Stück der Sprossachse mit einer Knospe daran verbleibt. Aus dem Auge wird dann der neue Trieb gebildet.

Stammstecklinge Bei einigen Zimmer- und Balkonpflanzen reicht ein Stück der Sprossachse aus, um daraus eine neue Pflanzen zu bilden. Solche Stammteile müssen allerdings krautig und grün sein. Auch müssen Knospen, also Augen, vorhanden sein, aus denen die neuen Triebe wachsen können.

Kopf, Teil- und Basisstecklinge.

IMMER MIT DER RUHE

Nicht zu voreilig. Wichtig ist die Reife des Stecklings. Für eine Vermehrung eignen sich halbkrautige Triebteile, die im unteren Teil der Sprossachse eine erste Rindenbildung, also braune Verfärbungen, zeigen.

Der richtige Zeitpunkt

Von den meisten Laubgehölzen im Freiland, die ihr Laub im Spätherbst verlieren, werden Stecklinge zwischen Juni und August gewonnen. Geschnitten werden nur Triebe, die nicht zu weich und nicht zu hart sind. Es ist natürlich am Anfang schwer, sich darunter etwas vorzustellen, aber mit der Zeit – und den mehr oder weniger vorhandenen Erfolgen – erkennt man die richtigen Triebe. Die verwendeten Zweige sollten ihr Wachstum nahezu abgeschlossen haben, da sie sonst zu wenig Substanz haben, um die fehlenden Teile neu zu bilden. Die Mutterpflanzen haben dann meist schon die Blätter voll ausgebildet.

Von immergrünen Laubgehölzen, also Pflanzen, die auch im Winter ihr Laub behalten, schneidet man zwischen August und Oktober Stecklinge. Hier muss sehr darauf geachtet werden, dass die Triebe gut ausgereift sind. Ihr Wachstum muss abgeschlossen und eine zumindest teilweise Verholzung vorhanden sein.

Stecklingsart	**Beispiele**
Kopfsteckling	Schleifenblume *(Iberis)* Liguster *(Ligustrum)*
Teilsteckling	Johanniskraut *(Hypericum)* Hartriegel *(Cornus)*
Basissteckling	Rittersporn *(Delphinium)* Dalmatinische Glockenblume *(Campanula portenschlagiana)*
Blattsteckling	Begonie *(Begonia)* Bogenhanf *(Sansevieria)*
Knotensteckling	Gummibaum *(Ficus elastica)* Hortensie *(Hydrangea)*
Stammsteckling	Dieffenbachie *(Dieffenbachia)* Fensterblatt *(Monstera)*

Reifegrade von Stecklingen

Krautige Stecklinge
Der Zweig ist noch weich und grün, kann also als krautig bezeichnet werden.

Halbkrautige Stecklinge
Die Entwicklung dieser Stecklinge ist schon etwas weiter fortgeschritten. Die Zweige sind nicht mehr so weich und die Rinde kann stellenweise eine braune Verfärbung aufweisen, da die Verholzung gerade einsetzt. Der Trieb ist aber noch überwiegend grün.

Leicht verholzte Stecklinge
Die Triebe sind teilweise verholzt beziehungsweise gerade dabei zu verholzen. Sie sind fest, aber biegsam und dem krautigen, weichen Zustand schon fast vollständig entwachsen.

Auch für die Stecklingsvermehrung bedarf es Erfahrung und Fingerspitzengefühl.

Die verschiedenen Reifegrade sind unterschiedlich weit entwickelt.

IMMER MIT DER RUHE

Auch bei großer Sorgfalt dauert es übrigens im Freiland sehr lange, bis die Wurzelbildung bei immergrünen Stecklingen einsetzt. Oft werden die ersten Wurzeln erst im Frühjahr gebildet, wenn die Bodentemperaturen langsam steigen. Bietet man ihnen allerdings einige Wochen konstant ca. 10 °C Bodentemperatur, beginnt das Wachstum der Wurzeln bereits im Herbst.

Beim Stecken ist darauf zu achten, dass der unterirdische Teil fest von Substrat umgeben ist.

Wie schneidet man Stecklinge?

Generell wird relativ knapp unterhalb eines Knotens geschnitten. Dadurch kann die Schnittfläche etwas antrocknen beziehungsweise die Pflanze einen Abschluss zur Verletzung bilden, ohne dass der unterste Knoten austrocknet.
Der Schnitt soll glatt und sauber sein. Abstehende Fasern, Splitter oder Quetschungen können den Transport von Wasser und Nährstoffen in der Pflanze behindern. Ein scharfes, sauberes Messer ist also ein absolutes Muss.
Befinden sich auf dem ausgewählten Trieb Blüten oder Früchte, müssen diese entfernt werden. Die Pflanze würde ihre Kraft sonst in diese Fortpflanzungsorgane stecken und nicht in das weitere Wachstum investieren.

Die richtige Länge

Die Länge des Stecklings hängt natürlich von den Abständen zwischen den Knoten ab. An den Knoten sitzen die Knospen, auch Augen genannt, aus denen dann Blätter und neue Triebe wachsen. Es sollten zumindest zwei bis drei dieser Knoten am Steckling vorhanden sein.
Meist wird die Länge des Stecklings zwischen 5 und 15 cm liegen. Es ist auch möglich, einen Trieb in mehrere Stecklinge zu teilen. In diesem Fall empfiehlt es sich, das obere und das untere Ende zu kennzeichnen. Meist schneidet man oben gerade und setzt am unteren Ende einen schrägen Schnitt, damit es beim Stecken nicht zu Verwechslungen kommt.

Das Stecken

Nach dem Schnitt des Stecklings entfernt man zunächst die unteren Blätter. Auf diese Weise wird einem Pilzbefall vorgebeugt, der über die ständig mit Feuchtigkeit und Erde in Verbindung stehenden Blättern leichten erfolgen kann. Die geschnittenen Stecklinge der meisten Arten sollten etwa zur Hälfte bis zwei Drittel tief in die Erde gesteckt werden.
Bei stark verholzten Stecklingen hat sich ein zusätzlicher Längsschnitt in die Rinde am unteren Ende des Triebes bewährt. Aber Vorsicht! Nur die Rinde darf eingeschnitten und teilweise – bis ca. 2 cm Länge – entfernt werden. Damit wird eine Wurzelbildung erleichtert. Krautige Triebe brauchen solche Einschnitte nicht, da die Außenschicht sehr weich ist und von jungen Wurzeln leicht durchstoßen werden kann.
Ein „Geheimrezept“ aus der Pflanzenkinderstube eines Kollegen kann ebenfalls sehr hilfreich sein: Einen Teelöffel Agar-Agar (Biogelatine) mit warmem Wasser mischen bis eine Paste entsteht. In diese Masse werden die Stecklinge getaucht. Die Mischung bleibt am Steckling haften, verhindert die Austrocknung und unterstützt die Bildung von Wurzel.

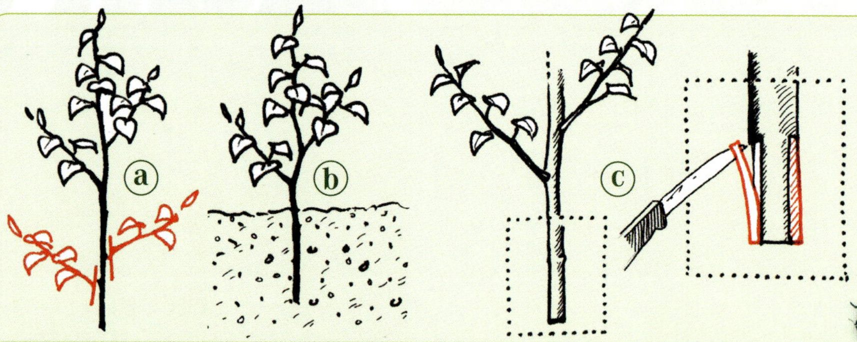

Das Stecken: a) die unteren Blätter entfernen, b) die untere Hälfte in das Substrat setzen, c) bei verholzten Trieben kann zur Verbesserung der Wurzelbildung die Rinde an der Basis entfernt werden.

Das Bewurzeln von Stecklingen

Zur Stimulation des Wachstums werden oft hormonhaltige Pulver empfohlen. Es gibt davon eine ganze Reihe, die mehr oder weniger wirkungsvoll sind. Die meisten Hobbygärtner kommen ohne diese Mittel aus. Die Anwendung und Dosierung ist nicht einfach und erfordert Fingerspitzengefühl. So gibt es unterschiedliche Pulver für Hartholz und Weichholz. Doch für die wenigen Gehölze, die mithilfe des Pulvers vielleicht etwas besser oder schneller anwachsen, lohnt sich der Kauf kaum.

HÄUFIGE FEHLER

Da frische Stecklinge noch keine Wurzeln haben, können sie kaum Wasser aufnehmen. Aus diesem Grund soll das Substrat immer feucht sein. Feucht! Nicht permanent tropfnass! Ist das Material zu nass, kommt kein Sauerstoff an die Pflanze und der im Boden steckende Teil wird faulen.

Ursachen für schlechte Bewurzelung:

- Zu alte Mutterpflanzen verwendet
- Verwendete Triebe sind nicht genug ausgereift
- Verwendung von Hormonpulver nötig (artspezifisch)
- Art braucht zur Anregung der Wurzelbildung zusätzliche Verletzungen an der Basis (artspezifisch)
- Zu nährstoffreiche Erde verwendet (Steckling musste nur wenige Wurzeln bilden um Nährstoffe zu erreichen)
- Das Substrat wurde nicht gleichmäßig feucht gehalten
- Die Stecklinge wurden bei zu hohen Temperaturen aufgestellt

Passende Gefäße

Größere Stecklinge können in Einzeltöpfe gesetzt werden, kleine Stecklinge steckt man zu mehreren in ein größeres Pflanzgefäß. Das Einsetzen in Einzelgefäße hat den Vorteil, dass sich die Wurzeln entwickeln können, ohne von den Wurzeln der umgebenden Pflanzen gestört zu werden. Und sie werden beim Umsetzen nicht beschädigt. Man setzt einfach den ganzen Ballen samt Erde in den neuen Topf ein und muss nicht erst umständlich die Wurzeln mehrerer Pflanzen entwirren.

Vegetative Vermehrungsart	**Beispiele**
Teilen	Eisenhut *(Aconitum)* Ranunkelstrauch *(Kerria)*
Steckholz	Feigenbaum *(Ficus)* Kiwi *(Actinidia)*
Wurzelschnittlinge	Trompetenblume *(Campsis)* Windröschen *(Anemone)*
Risslinge/Abrisse	Felberich *(Lysimachia)* Schleifenblume *(Iberis)*
Absenker	Goldglöckchen *(Forsythia)* Haselstrauch *(Corylus)*
Ableger	Blauregen *(Wisteria)* Himbeere *(Rubus)*
Ausläufer	Dickmännchen *(Pachysandra)* Fiederspiere *(Sorbaria)*
Abmoosen	Gummibaum *(Ficus)* Zimmertanne *(Araucaria)*
Veredelung	Obstsorten (z. B.: Apfel, Birne, Zwetschke) Rose *(Rosa)*

Stecklingen werden die unteren Blätter entfernt und man steckt sie zur Hälfte in das feuchte Substrat.

Weitere Pflege und Behandlung

Die Töpfe mit den frischen Stecklingen werden an einem hellen, aber nicht direkt der Sonne ausgesetzten Platz aufgestellt. An sonnigen Standorten ist die Temperatur und damit die Wasserverdunstung zu hoch, die geschwächten Pflanzen haben nicht genug Kraft, diesen Stress auszuhalten. Für die Bildung neuer Wurzeln steht da nicht mehr viel Energie zur Verfügung.
Sind die Stecklinge bewurzelt, kann man die kleinen Pflanzen entspitzen, das heißt, das obere Ende des Triebes wird knapp unter dem ersten Blattpaar abgeschnitten oder mit dem Fingernägeln abgeknipst. Damit wird starkwüchsigen Pflanzen das Längenwachstum etwas erschwert, sie bilden leichter Seitentriebe und werden buschiger.

Der Wurzeltest

Spätestens im Frühjahr ist eine Überprüfung des Wurzelballens anzuraten. Dazu lässt man das Substrat einige Tage antrocknen, nimmt den Topf in die Hand, umfasst die Pflanze und schützt sie mit dieser gewölbten Hand auch gleich vor dem Ausschütten mit der lockeren Erde aus dem Topf. Durch leichtes Klopfen mit der anderen Hand auf den Topfboden lässt sich der Ballen herausziehen und die Wurzel kann betrachtet werden.
Ist das Substrat gut durchwurzelt, muss bald auf ein größeres Gefäß gewechselt werden, da die Wurzeln sonst anfangen ringförmig zu wachsen. Dieser Vorgang hemmt die weitere Entwicklung, da sie später auch bei mehr Raum nicht nach außen, sondern weiter im Kreis wachsen. Die Pflanze schnürt sich auf diese Art mit der Zeit selbst ab.

Eine einfache Plastikhülle schützt die Stecklinge vor Austrocknung.

IMMER MIT DER RUHE

Der Zeitraum bis zur Wurzelbildung ist von Art zu Art unterschiedlich. Die Bewurzelung von pflegeleichten Laubgehölzen erfolgt meist noch vor dem Winter. Wenn die kleinen Pflanzen bis zum Herbst noch ein bis zwei Blätter ausgebildet haben, war die Wurzelbildung erfolgreich.

WICHTIG ZU WISSEN

Da das Substrat, welches die Stecklinge umgibt, immer feucht bleiben muss, ist die Gefahr von Schimmelbildung groß. Um möglichen Infektionen vorzubeugen, können die Schnittstellen mit Holzkohle desinfiziert werden. Eine Maßnahme, die bei regelmäßiger Reinigung der Werkzeuge – vor allem der Gartenscheren und Messer – nicht unbedingt nötig ist. Andererseits ist es eine einfache und kostengünstige Methode zum Verschließen offener Wunden.

Stecklingsvermehrung von Nadelgehölzen

Fichten, Kiefern, Lärchen oder Tannen vermehrt man zwischen September und März. Allerdings gibt es für alle Gehölzarten viele Ausnahmen. Der richtige Zeitpunkt hängt sehr stark von der jeweiligen Art und den Klimaeinflüssen ab. Nicht vergessen sollte man auch, dass im Frühling in den Pflanzen alles zum Wachsen drängt. Zu diesem Zeitpunkt haben sie eine starke Kraft zur Regeneration und zur Bildung neuer Triebteile – es ist durchaus möglich, dass diese Energie ausreicht, um das Wachstum von Trieben zu bewirken.
Bei Koniferen verwendet man ausschließlich einjährige Triebe als Stecklinge, die am Grund schon verholzt sind, also braune Rinde gebildet haben. Beachtet man diese Vorgabe nicht, wird der in der Erde steckende Teil verfaulen.

Stecklingsvermehrung von Stauden

Zur Vermehrung von Stauden schneidet man meist im Frühling Basis- oder Kopfstecklinge, sobald 4-5 cm der Pflanze aus dem Boden schauen. Aber bitte vorsichtig behandeln, da sie weich sind und leicht gequetscht werden können!

IMMER MIT DER RUHE

Bis auf wenige Ausnahmen lassen sich alle Nadelgehölze durch Stecklinge vermehren, allerdings dauert die Bewurzelung bei einigen Arten wie Schmucktanne, Zeder oder Sumpfzypresse bis zu zwei Jahre. Alle anderen Nadelgehölze bewurzeln sich mehr oder weniger leicht. Der günstigste Zeitpunkt für die Vermehrung liegt zwischen Anfang August und Ende September.

Vor allem Pflanzen, die mit der Zeit hohle Stängel bilden, eignen sich später im Jahr nicht mehr für die Vermehrung. Ein krautiger Steckling enthält dagegen noch Mark und gewährleistet damit einen guten Nährstoff- und Wassertransport.
Immergrüne Stauden werden im Spätherbst vermehrt. Die Stecklinge sollten 3-5 cm lang sein. An einem hellen Fenster bei Temperaturen zwischen 5 und 15 °C bewurzeln sie innerhalb von ein bis zwei Monaten. Lufttemperaturen über 15 °C schaden immergrünen Staudenstecklingen.

Der richtige Schnittzeitpunkt

Laub abwerfende Pflanzen	Juni - August
Immergrüne Pflanzen	August - Oktober
Nadelgehölze	September - März
Balkon- und Kübelpflanzen	Jederzeit, Frühling bevorzugt

Bei Nadelgehölzen kann die Stecklingsvermehrung zur Geduldsprobe werden.

WICHTIG ZU WISSEN

Ein zweiter kräftiger Wachstumsschub erfolgt noch einmal Ende Juni – der sogenannte Johannistrieb. Die Pflanzen schieben ihre diesjährigen Triebe dann noch einmal ein Stück heraus. Danach konzentriert sich alles auf das Reifen der Zweige und Früchte, bevor die Vegetationsphase im Spätherbst mit dem Speichern der Nährstoffe für den Winter endet.

Balkon- und Kübelpflanzen

Balkon- und Kübelpflanzen sind von den äußeren klimatischen Bedingungen weitgehend unabhängig, da die meisten aus wärmeren Gebieten kommen. Das heißt aber auch, dass sie in Mitteleuropa nicht die richtigen Bedingungen vorfinden, um Samen auszubilden. Aus diesem Grund werden bei diesen Pflanzen zur Vermehrung die verschiedenen Varianten der Stecklingsvermehrung genutzt.

Andere vegetative Vermehrungsarten

Neben der oben beschriebenen, unterscheidet man noch andere Methoden der vegetativen Vermehrung. Auch für diese Techniken gilt allgemein: keine direkte Sonne, lockerer, mit Sand gemischter Boden und feucht halten.

Dem Gärtner stehen viele Methoden der Vermehrung zur Verfügung, die meisten sind der Natur abgeschaut.

Ableger

Hier werden einjährige Triebe auf den Boden gelegt und mit Erde bedeckt. Es müssen allerdings keine Teile für die Bildung neuer Pflanzen über den Boden ragen – unter günstigen Bedingungen bildet jede der auch als Augen bezeichneten Knospen eine eigene Jungpflanze.

Abmoosen

Die Rinde eines mehrjährigen Triebes wird im Frühling an zwei einander gegenüberliegenden Stellen quer zum Zweig eingeschnitten. Unter die aufgeschnittene Rinde wird ein kleiner Kieselstein oder ein Holzstück geklemmt, um das Schließen und eine Vernarbung zu verhindern. Zur weiteren Förderung der Bewurzelung sollte die angeschnittene Stelle mit Bewurzelungspulver bestäubt werden. Die Schnittstelle wird nun mit feuchtem Torfmoos umwickelt und mit einer Folie aus Aluminium oder Kunststoff vor Austrocknung geschützt. Die beiden Enden der künstlichen Außenhülle bindet man zu.

Meist bilden sich genügend neue Wurzeln bis zum Herbst, manche Pflanzen brauchen aber mehrere Jahre dafür. Haben sich ausreichend Wurzeln gebildet, kann der Trieb unterhalb der Wurzeln von der Mutterpflanze abgeschnitten werden.

Diese Methode kann bei Freiland-, Zimmer- und Balkonpflanzen eingesetzt werden.

Mutterpflanze mit Ausläufern, links aus oberirdischen, rechts aus unterirdisch wachsenden Langtrieben.

Absenker

Biegen Sie einjährige Triebe der Ausgangspflanze im Frühjahr zum Boden und bedecken Sie diese mit Erde. Die Zweige können mit einem Haken am Boden fixiert oder mit Steinen beschwert werden. Lediglich die Zweigspitze muss aus der Erde schauen, damit sich ein „Oben“ und ein „Unten“ bilden kann.

Bei Klettergehölzen mit langen, dünnen Trieben wird diese Methode gerne eingesetzt – hier kann ein langer Trieb mehrmals hintereinander in die Erde abgesenkt werden. Man gewinnt also aus einem Trieb mehrere Jungpflanzen, die nach erfolgreicher Bewurzelung einfach mit der Gartenschere auseinandergeschnitten werden.

Ausläufer

Hierbei handelt es sich um lange Triebe, die ober- oder unterirdisch gebildet werden. Sie entwickeln bei Bodenkontakt Wurzeln. Die Verbindung zur Mutterpflanze kann im Spätsommer oder Herbst gekappt werden, da die Jungpflanzen nun eigenständig weiterwachsen können. Hier ist jedoch Vorsicht geboten, da Ausläufer bildende Pflanzen durch starkes Wachstum einen großen Teil des Gartens erobern können.

Risslinge

Die Pflanze, die vermehrt werden soll, wird mit dem Spaten ausgegraben. Er darf nicht zu knapp am Gewächs angesetzt werden, da sonst das Wurzelwerk verletzt wird. Hat man den Ballen etwas von der umgebenden Erde befreit, sieht man meist schon mögliche Risslinge. Das sind Einzeltriebe, die sich am äußeren Bereich des Wurzelballens befinden und die mit einem schnellen Ruck möglichst weit unten vom Mutterstock abgetrennt werden. Dabei sollte der abgetrennte Teil etwas Wurzelwerk behalten und die Wunde möglichst klein bleiben. Die neu gewonnenen Jungpflanzen werden entweder direkt an den endgültigen Standort gesetzt oder ein Jahr in Töpfen kultiviert.

Steckholz

Nach dem ersten langen Frost werden aus den unteren Bereichen einjähriger Triebe verholzte Teilstücke geschnitten. Die Länge beträgt zwischen 15 und 30 cm - je mehr Knoten vorhanden sind, desto besser sind die Chancen auf eine gute Entwicklung. Die Steckhölzer werden an einem feuchten, aber frostfreien Platz in Sand eingegraben oder in Jutesäcke gewickelt. Im März oder April steckt man die Triebteile bis auf die oberen Knospen in Beete und bedeckt sie mit Folie, um die Feuchtigkeit zu erhalten. Man kann auch schwarze Folie auf den Boden legen und die Hölzer hindurchstecken. Auf diese Weise wird die Pflege des Beetes während des Anwuchsjahres auf ein Minimum reduziert. Ein Bewurzelungshormon zur Anregung der Wurzelbildung kann ebenfalls verwendet werden.

Teilen

Diese Art der vegetativen Vermehrung wird vor allem bei Stauden und Gräsern eingesetzt. Dabei wird der Wurzelballen ausgegraben, dann mit einem scharfen Spaten in mehrere Stücke geteilt und an anderer Stelle wieder eingepflanzt. Die entstandenen Teilstücke haben den Vorteil neben Spross und Blattwerk schon Wurzeln zu besitzen.

Veredelung

Als Veredelung bezeichnet man das Aufpropfen eines einjährigen Triebes auf einen ein- bis zweijährigen bewurzelten Sämling, der meist aus der gleichen Pflanzenfamilie stammt. Die Verwandtschaft ist oft ein wichtiger Punkt, da die Pflanzen sonst nicht, oder nur sehr schlecht, miteinander verwachsen. Wird dieses „Gesetz“ missachtet, sterben die Pflanzen ab oder bilden geschwürartige Wülste an den Verwachsungsstellen, die nach einigen Jahren leicht zu Bruchstellen werden. Diese Methode wird meistens im Obstbau angewendet. Man braucht sehr viel Übung und ein gewisses Maß an Geschick, um sie durchzuführen.
Auch bei Veredelungen ist es wichtig, junges und gesundes Pflanzenmaterial zu verwenden, da nur dieses die notwendige Kraft und Flexibilität zur Verbindung aufbringen. Zu beachten ist auch, dass zwischen Edelreis und Unterlage kein Hohlraum bleibt. Hier ist die Verwendung exakter Schnitttechniken notwendig, damit die Gefäße unter der Rinde für den Transport von Nährstoffen und Wasser exakt zusammenpassen.

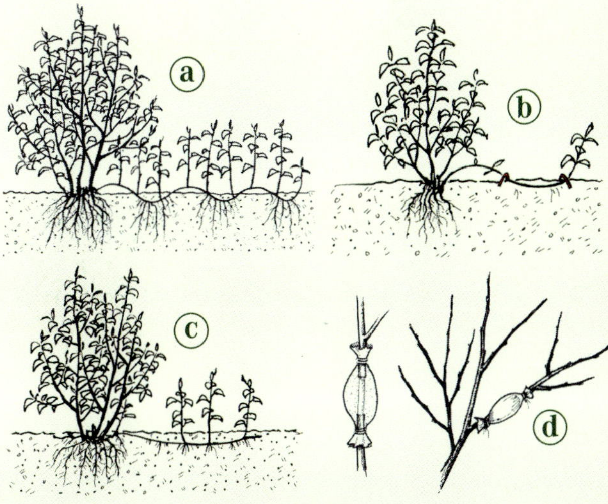

Unterschiedliche vegetative Vermehrungsarten: a) Absenker aus einem Langtrieb von Kletterpflanzen, b) Absenker bei Normalsträuchern, c) Ableger mit aus dem Boden ragender Zweigspitze, d) Abmoosen: Außenansicht und Querschnitt mit erkennbarem entrindetem Zweigstück.

Vorsichtig die Rinde ablösen ...

... und das Edelreis mit Bast fixieren.

Für das Veredeln ist einige Übung und Vorsicht erforderlich.

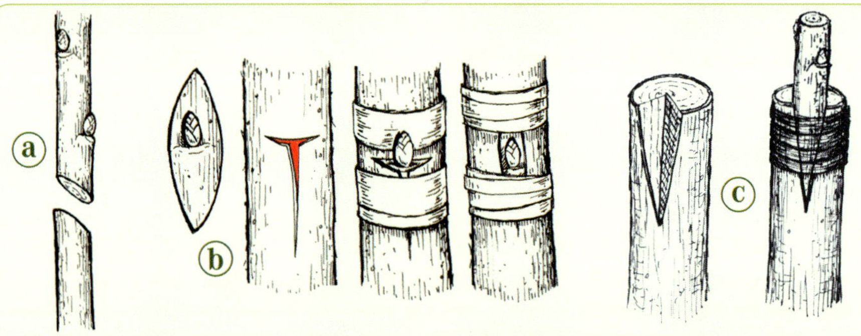

Verschiedene Veredelungsarten: a) Kopulation: das Edelreis wird direkt auf die Unterlage aufgesetzt b) Okulation: ein Auge des Edelreises wird unter die Rinde der Unterlage geschoben, c) Geißfußveredelung: Edelreis und Unterlage erhalten eckige Schnittformen, die genau ineinander passen müssen.

Wurzelschnittlinge

Auch Wurzeln eignen sich zur Vermehrung. Beerenobst wie Stachelbeeren oder Himbeeren können aus einem Wurzelstück, das nur einige Zentimeter lang ist, eine neue Pflanze bilden. Es muss darauf geachtet werden, dass auch hier Knospen an der Wurzel vorhanden sind, denn das sind die Zentren der Regeneration, nur hier bilden sich neue Pflanzenteile.

WICHTIG ZU WISSEN

Ganz wichtig ist es, beim Abmoosen das Moos immer feucht zu halten! Trocknet es aus, wird die Pflanze die „Wunde" von innen abschließen, der verletzte Bereich wird vom Nahrungsstrom getrennt und eine Wurzelbildung kann nicht mehr erfolgen.

WICHTIG ZU WISSEN

Risslinge können auch gewonnen werden, ohne dass man dazu die Pflanze ausgräbt.

Zur Anregung der Wurzelbildung wird die Mutterpflanze auf folgende Weise vorbereitet:

Im Winter wird sie zurückgeschnitten, um den bodennahen Austrieb im Frühjahr zu fördern, im Frühjahr – wenn die Triebe ca. 20 cm hoch sind – wird mehrmals mit Erde angehäufelt, damit sie oberhalb der eigentlichen Bodenoberfläche Wurzeln bilden.

Im Spätherbst wird abgehäufelt und die Triebe möglich nah an der Mutterpflanze mit der Gartenschere abgetrennt.

Zwiebelpflanzen vegetativ vermehren

Zwiebelpflanzen können durch Samen vermehrt werden, doch nutzt man in der Regel das Speicherorgan, die Zwiebel, zur vegetativen Vermehrung. Über den Sommer bilden sich an ihr Tochterzwiebeln, die im Herbst abgelöst werden können. Zu diesem Zweck gräbt man sie aus und löst die kleinen seitlich sitzenden Brutknollen ab. Wenn es sich um winterharte Arten handelt, kann man die großen Zwiebeln gleich wieder eingraben. Die kleinen Zwiebeln werden in feuchten Sand gelegt und an einem frostfreien Ort überwintert. Im Frühling pflanzt man sie dann auf ein Beet oder in einen Topf. Sorten und besondere Kreuzungen der Zwiebelpflanzen können ihre Merkmale nur vegetativ weitergeben.

Zwiebelpflanzen säen

Die Vermehrung der Zwiebelpflanzen durch Aussaat ist meist langwierig, von der Aussaat bis zur Knollenbildung vergehen meist zwei Jahre. Bis zur ersten Blüte vergehen noch einmal ein bis zwei Jahre. Damit sich die Sämlinge ungestört entwickeln können, sollte in Kisten ausgesät werden. Zu frühes Umsetzen und Pikieren führt zu Misserfolgen. Gut aus Samen vermehren lassen sich Alpenveilchen, Traubenhyazinthe und Herbstzeitlose.

IMMER MIT DER RUHE

Die Speicherorgane der Zwiebelpflanzen müssen erst eine gewisse Größe erreichen, bevor sie Blüten bilden können. In den ersten zwei bis drei Jahren erscheinen nur Laubblätter, während die Zwiebel ihre Wachstum fortsetzt. Für die Bildung der Blüten ist viel Kraft notwendig, die erst von ausgewachsenen Speicherorganen aufgebracht werden kann.

Brutknollen

Einige sommerblühende Zwiebelgewächse bilden sogenannte Achsel- und Stängelbulben. Das sind Brutknollen, die in den Blattachseln oder knapp unterhalb der Erdoberfläche am Stängel gebildet werden. Sie fallen nach dem Ausreifen ab und wachsen im nächsten Jahr zu eigenständigen Pflanzen heran. Sie können kurz vor dem Abfallen eingesammelt und gleich in flache Schalen gepflanzt werden. Manchmal zeigen sich erste Triebe schon im Herbst, meist erscheinen sie aber erst im Frühling. Die Brutknollen treiben übrigens besser, wenn sie im Winter kühlen Temperaturen zwischen 1 und 6 °C ausgesetzt sind.

Die Grundausstattung

Viele unterschiedliche Geräte sollen dem Gärtner die Arbeit im Garten erleichtern und ihn unterstützen. Man muss aber auch wissen, welches Werkzeug für welche Tätigkeit geeignet und notwendig ist.

Pflanzgefäße und Saatschalen

Einzeltöpfe gibt es aus Ton oder PVC in verschiedenen Größen. Sie eignen sich gut für die Einzelsaat und das Vereinzeln von Pflanzen. Der Vorteil von Tontöpfen liegt in der Wasserdurchlässigkeit der Wände, so ist für einen Feuchtigkeitsaustausch mit der umgebenden Luft gesorgt.
Für eine Aussaat sollte die untere Hälfte des Tontopfes mit Schotter, also groben Steinen, gefüllt werden. Auf diese Weise ist der Wasserabfluss gewährleistet – der verbleibende Raum ist für die Keimlinge ausreichend, um sich zu entwickeln.

Ein Sortiment unterschiedlicher Töpfe und Pflanzschalen gehört zur Grundausstattung.

HÄUFIGE FEHLER

Tontöpfe müssen eine Nacht in Wasser eingelegt werden, damit sich das poröse Wandmaterial vollsaugen kann. Ohne diese Maßnahme kann es passieren, dass der Topf dem Substrat Feuchtigkeit entzieht.

Die Größe von Topf und Pflanze müssen zusammenpassen.

Multitopfplatten

Multitopfplatten können aus Kunststoff oder aus verrottbarem Material bestehen. Die Platten gibt es mit verschiedenen Topfgrößen. Einzeltopfgrößen zwischen 3,5 cm und 7 cm eignen sich sehr gut für Aussaat, Pikieren oder Stecklingsvermehrung. Die kleinen Töpfe aus organischem Material können mit den Sämlingen oder Stecklingen direkt an den endgültigen Standort gesetzt werden und dort verbleiben. Allerdings weichen diese Formen durch das Gießen auf und neigen zum Zerfallen. Multitopfplatten aus Kunststoff lassen sich über Jahre wiederverwenden.

Hand- und Saatkisten

Für das erste Austreiben der Samen eignen sich flache, breite Schalen oder Kisten aus Kunststoff. Da die Pflanzschalen permanent nasses Substrat enthalten, müssen sie stabil sein, um das Gewicht halten zu können. Die Kisten müssen auf jeden Fall Ablauflöcher im Boden haben, da überschüssiges Wasser zu Staunässe und Sauerstoffmangel führt, was wiederum Fäulnis und Schimmelbildung fördert.

EINKAUFSLISTE

- Töpfe, Saatschalen, Multitopfplatten
- Aussaat- und Sämlingserde
- Gartenhandschuhe
- Setzschauferl
- Pikierholz
- Gießkanne mit feiner Tülle (Brause)
- Sieb
- Plastikabdeckung für Saatgefäße oder Minigewächshaus
- Und eine Tisch zum Arbeiten

Hygiene und Sauberkeit

Um der Übertragung von Krankheiten vorzubeugen, sollten die Gefäße nach jeder Verwendung gründlich gereinigt werden. Spätestens wenn Probleme mit Schädlingen oder Krankheiten auftreten, müssen alle Geräte und Gefäße zusätzlich sterilisiert werden. Dazu wäscht man sie am besten mit Alkohol aus der Apotheke oder Desinfektionsmittel aus. Man kann die Gefäße auch über Nacht in Essigwasser einweichen und sie mit einer harten Wurzelbürste abschrubben, um Kalk und Pflanzenreste zu entfernen. In jedem Fall darf nicht vergessen werden mit viel klarem, reinem Wasser nachzuspülen, um die Reste allfälliger Reinigungsmittel zu entfernen.

Abdeckungen und Minitreibhäuser

Damit das Substrat nicht austrocknet, wird eine durchsichtige, weite Plastikabdeckung über das Gefäß gestülpt. Es können durchsichtige Kunststofftüten genauso verwendet werden wie spezielle Hüllen, die es im Fachhandel gibt. Die Abdeckung muss das Vermehrungsgut ganz umschließen, darf aber die jungen Pflanzen nicht berühren, da sich an diesen Kontaktstellen Schimmel bildet. Zur Belüftung sollte der Verdunstungsschutz alle 2-3 Tage kurz geöffnet werden.
Gut geeignet für Aussaat und Stecklingsvermehrung sind Minitreibhäuser. Der untere Teil besteht aus einer flachen Plastikschale, die Abdeckung bildet eine starre durchsichtige Plastikhaube. Diese Minitreibhäuser gibt es als einfache Plastikvariante bis hin zum beheizbaren Vermehrungsbeet mit Abdeckung, inklusive automatisch gesteuerter Lichtzufuhr und Lüftung. Auch hier das regelmäßig Lüften nicht vergessen.

Anzuchtschalen mit und ohne Abdeckung können nahezu überall aufgestellt werden.

Erde sterilisieren

Um sicherzugehen, dass Pflanzerde keimfrei ist, kann das Substrat sterilisiert werden. Dazu füllt man In einen großen Kochtopf einige Zentimeter Kies, die vollständig mit Wasser bedeckt werden. Nun wird die trockene Erde locker, aber ohne Hohlräume darauf geschüttet. Möchte man den Kies und die Erde nicht vermischen, kann ein Geschirrtuch, ein Vlies oder ein ähnliches wasserdurchlässiges Material zwischen die beiden Substrate gelegt werden.
Einen Deckel auf den Topf auflegen, das gefüllte Gefäß in den Backofen stellen und bei etwa 160 °C für 15 - 20 Minuten erhitzt. Der entstehende Wasserdampf sterilisiert die Erde und tötet alle darin enthaltene Keime und Organismen. Die Arbeit erfordert Sorgfalt und Aufmerksamkeit.

Hygiene ist wichtig, da Sämlinge und Stecklinge sehr empfindlich sind.

Etiketten

Wie leicht vergisst man, woher dieser und jener Samen ist oder von welchem Strauch der Steckling geschnitten wurde. Im Fachhandel gibt es Kärtchen aus Plastik oder Metall, die sich hervorragend zum Notieren der wichtigsten Informationen eignen. Die Etiketten lassen sich mit Bleistiften oder wasserfestem Stift beschriften.
Notieren sollte man: den Namen der Pflanze und Sorte, das Datum, das Jahr und den Ort der Ernte bzw. des Stecklingsschnittes

Substrate und Erden

Beim Kauf von Pflanzerden lohnt es sich, auf Qualität zu achten.

Gute Pflanzerde hat eine etwas grobe Krümelstruktur. Dadurch ist der Luftaustausch auch bei hohem Wassergehalt möglich. Man kann die Qualität auch durch das Einarbeiten von Kompost und Laub verbessern.
Substrate enthalten oft spezielle Stoffe wie Ton, Torf, Sand, Nadelstreu oder Rinde – Dinge, die nur in geringen Mengen in der eigentlichen Gartenerde vorkommen.
Gekaufte Pflanzerden sind meist bereits vorbehandelt und keimfrei. Hier besteht kaum eine Gefahr der Infektion oder Unkrautbildung. Sparen Sie daher nicht an der falschen Stelle und achten Sie auf Qualität.

Wichtig ist qualitativ hochwertige Erde.

EINKAUFSLISTE

- 1/3 Komposterde, mit viel feinkrümeliger Struktur
- 1/3 Sand, zur Belüftung
- 1/3 Gartenerde od. Blumenerde

Zuschlagsstoffe (nach Verwendungszweck):

- Torf od. Kokosfasern als Torfersatz
- Urgesteinsmehl
- Hornspäne
- Nadelstreu
- Laub
- Fein gehäckselter Strauch- und Astschnitt

Substrate für jeden Geschmack

Im Fachhandel werden zahlreiche fertige Substratmischungen angeboten. Es gibt zum Beispiel Aussaat- und Stecklingserde, die auf die speziellen Bedürfnisse der jungen Pflanzen abgestimmt ist. Sie besitzt nur einen geringen Nährstoffgehalt. Die Pflanzen müssen daher viele Wurzeln bilden, um die wenigen Inhaltsstoffe zu erreichen. Bei einem zu hohen Nährstoffangebot würden die Sämlinge vorzeitig in die Höhe schießen und schwache Stängel bilden, die leicht knicken.
Stecklinge brauchen eine Umgebung, die Feuchtigkeit lange hält und trotzdem genug Sauerstoff an den Wurzelbereich lässt. Hierzu kann man der Stecklingserde zusätzlich Sand beimischen, dadurch verbessert sich die Durchlässigkeit für Wasser und Luft.

WICHTIG ZU WISSEN

Gärtner verwenden statt Sand auch gerne Perlit, da dieses Material eine etwas gröbere Struktur aufweist und damit die Luftdurchlässigkeit verbessert. Es ist aber auch möglich, Sand in gewissen Korngrößen zu kaufen, d.h. der Feinanteil (unter 2 mm) wird maschinell ausgesiebt.

Torf: Für und Wider

Oft wird empfohlen dem Substrat Torf beizumischen, da er viele Nährstoffe enthält und dadurch eine Bewurzelung unterstützt. Torf ist allerdings ein Naturprodukt, das in Mooren abgebaut wird. Dadurch droht der Verlust von einzigartigen und nicht regenerationsfähigen Landschaften. Das wertvolle Material kann durchaus verwendet werden, der Einsatz sollte aber bewusst und sparsam erfolgen. Als Ersatz für Torf können Rindenhumus, Holzfasern oder Kokosfaser verwendet werden, die es im Fachhandel gibt.

Werkzeug

Qualitativ hochwertiges Werkzeug muss nicht das teuerste Gerät sein, ist aber sicher nicht das billigste. Es soll schließlich einige Jahre halten und den Gärtner unterstützen. Um möglichst lange Freude daran zu haben, müssen die Geräte regelmäßig gereinigt und gepflegt werden.

Veredelungsmesser

Diese sind mit großer Vorsicht zu handhaben. Ihre Anschaffung ist nur sinnvoll, wenn man sich sehr für Veredelungstechniken interessiert. Wichtig ist eine scharfe Klinge, die exakte und glatte Schnitte liefern soll. Meist sind die Messer besonders geformt. Für stärkere Unterlagen gibt es die Hippe mit gebogener Klinge. Für andere Schnitte benutzt man das Okuliermesser, bei dem der Messerrücken gewölbt ist. Damit lässt sich die Rinde der Unterlage zum Einschieben des Edelreises leichter öffnen.

Gartenschere

Die Gartenschere ist das wichtigste Werkzeug für den Hobbygärtner. Mit ihr lässt sich einerseits Verblühtes oder Totholz entfernen, andererseits kann die Klinge scharf genug sein, um damit Stecklinge zu schneiden. Hier ist es besonders wichtig auf Qualität zu achten.

Pikierstab

Der Pikierstab ist ein hilfreiches Werkzeug für das Vereinzeln junger Pflanzen. Dieses kleine Gerät dient dazu, Löcher in die Erde vorzubohren, in die kleine, zarte Sämlinge vereinzelt werden. Er wird auch beim Herausnehmen der Sämlinge aus der Erde zu Hilfe genommen. Je nach Bedarf gibt es im Handel flache, runde und bauchige Varianten für kleinere oder auch etwas größere Sämlinge und Stecklinge.

Eine gute Gartenschere ist Gold wert!

ALLERHÖCHSTE ZEIT

Als Regel gilt: Einmal pro Jahr sollten Gefäße, Pflanztöpfe und Geräte, die man für Pflanz- und Vermehrungsarbeiten verwendet, gründlich gereinigt werden. Als idealer Zeitpunkt bietet sich der Spätwinter oder Vorfrühling an, kurz bevor das neue Gartenjahr beginnt. Es besteht auch die Möglichkeit, zwei Garnituren Pflanztöpfe zu verwenden, die man abwechselnd einsetzt – das Reinigen fällt aber auch hier nicht aus.

Der gärtnerische Erfolg ist abhängig von qualitativ hochwertigem Werkzeug!

Pflanzen von A – Z

Die richtige Methode finden

Im folgenden Kapitel wird auf die Vermehrung der einzelnen Pflanzen genauer eingegangen. Pflanzen lassen sich meist auf mehrere Arten vermehren. Da sich oft auch ausgebildete und erfahrene Gärtner nicht einig sind, welche Methoden oder Behandlungsweisen die besten und/oder die einzig wahren sind, sollen vor allem Zeitrahmen und der Einsatz von Hilfsmitteln als Vorschläge oder Hilfestellung gesehen werden. Jeder macht seine eigenen Erfahrungen, die durchaus auch variieren können. Passen Sie die Vermehrungsmethoden an Ihre Bedürfnisse und Erfahrungen an und probieren Sie ruhig einmal neue Techniken aus! Ihre Neugier soll lebendig bleiben und die Vorfreude auf die blühende Vielfalt im nächsten Sommer Ihre Triebfeder sein!

Ziergehölze

Bäume und Sträucher sind wichtige Strukturbildner im Garten, mit denen sich Räume bilden und Grenzen ziehen lassen. Die Vermehrung besonders schöner Exemplare oder von Pflanzen mit interessanten Eigenschaften ist meist nicht schwierig. Auf den folgenden Seiten finden Sie Anleitungen zur Vermehrung der beliebtesten Gartenpflanzen.

Beerensträucher *(Rubus)*

Die Vermehrung von Himbeere, Brombeere sowie einiger ihrer besonderen Sorten erfolgt über Ableger und Absenker. Dazu werden vorjährige Triebe im Frühjahr, diesjährige Zweige im Juni und Juli auf den Boden gelegt und mit Erde bedeckt. Da sie meistens sehr biegsam sind, müssen sie selten mit Haken am Boden befestigt werden. Je nach Länge der Triebe ist es auch möglich Bögen zu legen, um mehrere Pflanzen zu erhalten.

Beerensträucher lassen sich leicht durch Ableger oder Absenker vermehren.

Wurzelteilung

Auch die Teilung und die Herstellung von Wurzelschnittlingen können bei Beerensträuchern genutzt werden, um mehrere Einzelpflanzen zu erhalten. Wird die Methode der Wurzelteilung verwendet, schneidet man die Wurzel im November und Dezember in 7-10 cm lange Teile, die entweder in Kisten gepflanzt und frostfrei über den Winter gebracht werden oder die man gleich im Garten am dafür vorgesehenen Standort eingräbt.
Für die Stecklingsvermehrung reichen Teilstücke mit zwei Augen und meist nur einem Blatt aus, um eine neue Pflanze bilden zu können. Allerdings muss auch hier der untere Teil des Stecklings seitlich eingeschnitten werden, um die Wurzelbildung zu erleichtern.

Buchs *(Buxus)*

Der immergrüne Buchs gilt als Inbegriff der Heckenpflanze. Er ist eine tiefgrüne, pflegeleichte Pflanze, die sowohl an sonnigen als auch an schattigen Standorten wächst. Aber einen Wermutstropfen gibt es doch: Das langsame Wachstum erfordert viel Geduld - nicht nur von Gartenbesitzern, die von der Anlage eines Hecken-Labyrinths träumen. Diese zögerliche Entwicklung macht den Buchs auch teuer, da selbst der Profigärtner eine lange Zeit braucht, um große Exemplare heranzuzüchten.

Stecklingsvermehrung

Die Vermehrung ist dafür relativ einfach: ein- bis zweijährige Triebe können vor dem Laubaustrieb bis zum Spätherbst geschnitten, im unteren Bereich entblättert und am besten in Kisten gepflanzt werden. Auch hier ist es wichtig, dass man die Stecklinge im ersten Winter vor Frost schützt. Bei etwa 20°C entwickeln sie nach 3-6 Wochen erste neue Wurzeln.

Reichblühende Fliedersorten können nur über Veredelung vermehrt werden.

Flieder *(Syringa)*

Der genügsame Flieder ist mit einem sonnigen, etwas geschützten Standort zufrieden. Die Wildformen versamen sich oft von alleine. Diese Eigenschaft macht sich der Gärtner zunutze. Die Früchte werden bei Vollreife geerntet, danach getrocknet und die Samen aus den Fruchtständen genommen. Vor dem Aussäen im März oder April müssen sie noch ein bis zwei Monate kalt stratifiziert werden. Dazu legt man sie in feuchten Sand und stellt sie an einen frostfreien Ort.

Praxistipps

Leider funktioniert die generative Vermehrung nicht bei allen Fliederarten. Gerade die besonders reich blühenden und/oder besonders duftenden Sorten müssen über Steckholz oder Veredlung vermehrt werden. Steckhölzer schneidet man von jungen Pflanzen im Winter. Anschließend werden sie möglichst in feuchtem Sand eingegraben. Kurz vor dem Stecken im Frühjahr wird die Rinde an der seitlichen Basis der Triebe aufgeschnitten und die Hölzer bis zu einem halben Tag in eine Lösung aus Wasser und Bewurzelungspulver gestellt. Danach werden sie auf Beete gesetzt. Es ist auch möglich, sie in Töpfe zu stecken. Hier sollten sie dann allerdings mit einer durchsichtigen Hülle gegen Austrocknung geschützt werden.

Veredeln

Auch die Veredelung wird bei der Sortenvermehrung von Flieder genutzt. Der Vorteil liegt bei dieser Methode in der bereits bewurzelten Unterlage, die eine Versorgung des Edelreises gewährleistet. Meist werden ein- bis zweijährige Sämlingen des gewöhnlichen Flieders als Unterlage verwendet, auf die im Juli Edelreiser okuliert werden. Die Veredelung muss möglichst nah an der Wurzel erfolgen, da Wildflieder sonst aus den verbliebenen Knospen stark austreibt und die Kraft nicht für das Wachstum des Edelreises verwendet wird. Es ist auch hilfreich eventuell vorhandene Augen unterhalb der Veredelungsstelle vorsichtig zu entfernen.

Stecklinge vom Flieder werden im Juli geschnitten.

WICHTIG ZU WISSEN

Durch Stratifizieren wird die Außenhülle der Samen weicher und eventuell vorhandene keimhemmende Stoffe abgebaut. Die Keimlinge nehmen die Feuchtigkeit auf und erhalten dadurch Kraft zum Wachsen.

Schneidet man die verwelkten Blüten ab, kommt es häufig zu einer Nachblüte.

Forsythie *(Forsythia)*

Die gelb blühende Pflanze ist der Frühlingsverkünder schlechthin und sollte in keinem Garten fehlen! Sie ist sehr schnittverträglich, anspruchslos und leicht zu vermehren. An diesem Gehölz können die ersten Vermehrungsversuche durchgeführt werden.

Stecklingsvermehrung

Die einjährigen Stecklinge werden im Frühling geschnitten. Die zwischen 10 und 30 cm langen Triebe steckt man in eine Mischung aus 2/3 Stecklingserde und 1/3 Sand und gießt ausreichend. Anschließend werden durchsichtige Plastikhüllen über die Töpfe gestülpt und gut verschlossen, um die Pflanzen gegen Austrocknung zu schützen.

Alle Forsythien wachsen leicht aus Stecklingen oder aus Ablegern.

HÄUFIGE FEHLER

Für alle Stecklinge gilt: helle Standorte, aber ohne direkte Sonne! Die Temperatur soll ausgeglichen sein – hohe Werte oder auch starke Schwankungen bedeuten viel Stress für die kleinen Teilpflanzen.

Hainbuche *(Carpinus)*

Hainbuchensamen werden im September oder Oktober bei sogenannter „Grünreife" geerntet. Wird die Ernte zu spät durchgeführt, ist eine ausgiebige Lagerung zuerst bei höheren, dann bei niedrigen Temperaturen nicht zu umgehen. In Gärtnerbetrieben wird das Saatgut von Hainbuchen deshalb oft ein bis zwei Jahre lang stratifiziert. Die Früchte müssen zunächst entflügelt und gereinigt werden, bevor sie wieder ausgesät werden können.

Stecklingsvermehrung

Braucht man mehrere Exemplare – zum Beispiel für eine Hecke – kann durch Stecklinge eine größere Anzahl von Pflanzen erzeugt werden. Aber selbst hier ist eine seitlicher Einschnitt der Triebbasis und der Einsatz von Bewurzelungspulver notwendig, um Erfolg zu haben.

WICHTIG ZU WISSEN

Je jünger die Mutterpflanzen sind, desto besser sind die Chancen, dass Stecklinge Wurzeln bilden.

Wenn die Forsythie blüht, ist der Frühling da! Sie sollte in keinem Garten fehlen!

Hartriegel *(Cornus)*

Zu dieser Gattung gehören viele Füll- und Decksträucher, einige davon wirken auch im Winter durch ihre roten oder gelben Triebe sehr attraktiv. Die Samen werden im Spätsommer vor der Vollreife geerntet, gereinigt und gleich in passende Gefäße ausgesät. Die kleinen Pflanzen müssen den Winter über vor Frost geschützt werden.

Stecklingsvermehrung

Zur Stecklingsvermehrung werden bei Blumen-Hartriegel und Pagoden-Hartriegel ganze Seitentriebe verwendet, die im Juni und Juli direkt an der Verbindung zur Hauptachse geschnitten werden. Von anderen Hartriegeln schneidet man von Mai bis Juni stärkere Triebe als Ausgangsmaterial. Hier genügen auch Teiltriebe. Wichtig ist das seitliche Einschneiden im unteren Stecklingsbereich. Die Basis der Triebe kann in Bewurzelungspulver getaucht werden, um das Wachstum zu aktivieren. Es hat sich auch gut bewährt, wenn das Pflanzsubstrat mit Torf angereichert wird.

Vermehrung mit Samen

Hartriegelsamen werden erst bei Vollreife geerntet. Sie besitzen eine Keimhemmung, die – im günstigsten Fall – nur durch mehrmonatige kühle Lagerung in feuchtem Sand abgebaut werden kann. Erntet man die Früchte kurz vor dem endgültigen Ausreifen und sät sie sofort aus, ist es möglich die Keimruhe zu umgehen.

Liguster *(Ligustrum)*

Die Sträucher werden oft für die Anlage von Hecken verwendet. Liguster ist gut schnittverträglich und bietet mit seinen weißen Blüten und schwarzen Früchten über das Jahr betrachtet auch einen abwechslungsreichen Anblick. Die gute Schnittverträglichkeit und das relativ schnelle Wachstum sind weitere Pluspunkte, die eine Verwendung als Sichtschutzhecke rechtfertigen.

Ausläufer

Der gewöhnliche Liguster neigt zur Ausläuferbildung, die auch gleich für die Anzucht neuer Exemplare genutzt werden kann. Sie müssen im nächsten Frühjahr als einjährige Triebe möglichst nah an der Mutterpflanze mit einem scharfen Spaten abgetrennt werden. Manche ziehen es vor, die Ableger auszugraben und die Verbindung mit einer Gartenschere zu trennen.

Stecklingsvermehrung

Der wintergrüne Liguster erneuert – wie sein Name schon sagt – sein Laub erst im Frühling, was ihn zu einer perfekten Heckenpflanze macht. Er wird vorwiegend über Stecklinge vermehrt. Eine Methode, die auch beim gewöhnlichen Liguster eingesetzt werden kann. Kopf- oder Teilstecklinge, die von Juni bis August geschnitten werden, lassen sich leicht bewurzeln.

Das Material des Heckenschnitts kann auch für die Gewinnung von Stecklingen genutzt werden.

Mahonie *(Mahonia)*

Die dunkelgrünen und gezähnten Blätter machen die Arten und Sorten der Mahonie zu interessanten Hintergrundpflanzen im Garten. Da sie auch an schattigen Standorten gut wachsen, können dunkle Ecken attraktiv mit ihnen gestaltet werden. Eine Samenvermehrung ist bei diesen Pflanzen zwar möglich, aber nicht üblich, da es einfachere Methoden gibt. Möchte es jemand trotzdem mit Aussaat probieren, müssen folgende Schritte berücksichtigt werden: Vor der Vollreife, bereits zu Beginn der Blaufärbung, sollte man die Früchte ernten und anrotten lassen. Anschließend werden die Samen gereinigt und gleich ausgesät. Wartet man, bis die Früchte die Vollreife erreichen bevor man sie abnimmt, fallen sie in eine Keimruhe, die nur durch lange Lagerung bei verschiedenen Temperaturen gebrochen werden kann.

Mahonien sind anspruchslose und attraktive Füllpflanzen für die dunklen Ecken.

Stecklingsvermehrung

Einfacher ist da die vegetative Methode. Von September bis Oktober schneidet man Stecklinge, die aus einem kurzen Stück Stängel und am besten zwei bis drei Augen bestehen. Die Triebe werden ca. zur Hälfte in eine Mischung aus Erde und etwas Sand gesteckt und unter Folie gehalten, bis sie anfangen zu wachsen.

Schmetterlingsstrauch, Sommerflieder *(Buddleja)*

Der Schmetterlingsstrauch verdient seinen Namen zu Recht, da er ein wahrer Magnet für Schmetterlinge und andere nektarsuchende Insekten ist. Der Blütenreichtum bildet einen attraktiven Blickfang im Garten, auf den niemand verzichten sollte. Werden die Pflanzen regelmäßig geschnitten, hat man lange Freude an ihnen.

Stecklingsvermehrung

Vom Schmetterlingsstrauch werden im Juni und Juli krautige Kopf- und leicht verholzte Teilstecklinge geschnitten, im unteren Bereich entblättert und gleich in Erde gesetzt.

Kaskaden-Sommerflieder

Der Kaskaden-Sommerflieder ist nicht ganz so bekannt. Seine Blüten sind nicht endständig, sondern erscheinen in dichten Büscheln entlang des gesamten Zweiges. Diese Art wird über Samen vermehrt, die reichlich gebildet werden. Sie werden in der üblichen Weise gereinigt, kühl und trocken über den Winter gelagert und anschließend im März oder April in Pflanzschalen gesät und abgedeckt.

Schmetterlingssträucher tragen ihren Namen zu Recht.

Schneeball *(Viburnum)*

Schneebälle haben ein ähnliches Problem wie die Rosen: Die reifen Samen unterliegen einer strengen Keimruhe, die nur durch eine mehrmonatige Lagerung unter ganz bestimmten Bedingungen beendet werden kann.

Stecklingsvermehrung

Wesentlich einfacher und deshalb auch häufiger ist die Verwendung von Stecklingen. Von immergrünen Schneebällen und ihren Sorten werden zwischen September und Dezember ausgereifte Stecklinge geschnitten, am besten in Multitopfplatten gesetzt und bei hoher Luftfeuchtigkeit im nicht zu warmen Haus kultiviert. Beispiele sind der Runzelige Schneeball oder der Prager Schneeball. Die sommergrünen Arten vermehrt man über krautige Stecklinge, die Ende Mai und im Juni abgenommen werden.

Die Rinde beziehungsweise die Außenschicht der verwendeten Triebe der Schneeball-Arten – ob immer- oder sommergrün – sollte zur leichteren Wurzelbildung an der Basis angeschnitten und mit Hormonstoffen behandelt werden.

IMMER MIT DER RUHE

Den Reifegrad der Früchte von *Viburnum veitchii* erkennt man an der einsetzenden Schwarzfärbung.
Die Ernte erfolgt meist von September bis Dezember, nach dem Auswaschen der Samen wird stratifiziert und dann im Frühjahr ausgesät. Nicht selten erfolgt die Keimung erst im darauffolgenden Jahr.

Sommerflieder gibt es in verschiedenen Blütenfarben.

Pflanze	Methode	Zeitpunkt
Aucube *(Aucuba)*	Halbreifer Steckling	Mitte Juni - September
Bambus *(Fargesia)*	Teilung des Rhizom	Frühling, bei Austrieb
Deutzie *(Deutzia)*	Steckholz	Spätherbst
Eibe *(Taxus)*	Kopfstecklinge, Abrisse	Februar - April
Felsenbirne *(Amelanchier)*	Aussaat	Herbst
Fichte *(Picea)*	Kopfstecklinge	Februar – April; August – Oktober
Haselstrauch *(Corylus)*	Absenker, Abrisse	Frühling

Kletterpflanzen und Bodendecker

Kletterpflanzen und Bodendecker sind in der Regel sehr wüchsig, innerhalb einer Saison können sie mehrere Meter wachsen. Die meisten Arten sind bescheiden und anspruchslos und können problemlos über Ableger oder Stecklinge vermehrt werden.

Immergrün *(Vinca)*

Vor allem das Große Immergrün *(Vinca major)* ist ein beliebter Bodendecker mit herrlichen violetten Blüten, die aus dem dunkelgrünen Laub der Pflanzen herausleuchten. Die genügsamen Pflanzen können an sonnigen und schattigen Standorten wachsen. Sie eignen sich gut zur Unterpflanzung von Bäumen.

Immergrün ist sehr wüchsig und bildet dichte Teppiche.

Ableger

Immergrün bildet selten Früchte und Samen, deshalb wird es über Triebteile vermehrt. Die Pflanzen bilden lange, oberirdische Ranken, die über den Boden kriechen und sich bewurzeln. Anschließend wachsen in diesem Bereich neue Triebe und Blattwerk. Da die Jungpflanze sich nun selbst mit Nährstoffen und Wasser versorgt, kann die Verbindung zur Mutterpflanze gekappt und die Pflanze an den neuen Standort versetzt werden.

Stecklingsvermehrung

Auch eine Stecklingsvermehrung ist möglich. Dafür werden zwischen Mai und September Teiltriebe mit einigen Knoten abgeschnitten, die unteren Blätter entfernt und in ein Sand-Erde-Gemisch gesteckt. Eine durchsichtige Hülle hilft bei der Erhaltung gleichmäßiger Feuchtigkeit. Werden die Stecklinge bei ausgeglichener Temperatur an einem hellen, frostfreien Ort aufgestellt, bilden sie bald Wurzeln.

WICHTIG ZU WISSEN

Die Abnahme von Ausläufern ist eine bequeme Art der vegetativen Vermehrung. Diese Methode kann jederzeit durchgeführt werden. Es handelt sich ja bereits um vielleicht noch kleine, aber komplette Pflanzen mit Wurzeln und Blättern.

Das Immergrün ist ein pflegeleichter Bodendecker, dessen dunkles Laub die lila Blüten hervortreten lässt.

Kiwi, Strahlengriffel *(Actinidia)*

Die starkwüchsige Kletterpflanze nimmt auch in unseren Breiten immer mehr an Beliebtheit zu. Sie eignet sich zur vertikalen Begrünung, verträgt starken Rückschnitt und liefert an günstigen, geschützten Plätzen oftmals nicht nur wohlschmeckende, sondern auch sehr vitaminreiche Früchte. Einige Sorten der sogenannten Minikiwi sind geschmacklich kaum zu übertreffen. Erntet man die Früchte vor dem ersten Frost, kann man sich an einer besonderen Delikatesse erfreuen.

Stecklingsvermehrung

Im Juni und Juli werden Kiwis durch krautige Stecklinge vermehrt. Die Triebe entblättert man im unteren Bereich und steckt sie in das Substrat. Manche Berufsgärtner empfehlen die Verwendung von Torf, um eine Wurzelbildung zu fördern. Im Herbst sollten die Jungpflanzen bereits neue Sprosse gebildet haben. Da die Pflanzen aber noch empfindlich sind, müssen sie den ersten Winter über frostfrei, aber kühl stehen.

Steckhölzer

Im Herbst - bei der Ernte - können Steckhölzer mit zwei bis sechs Augen geschnitten werden, die man spätestens im Februar und März in ein Torf-Sand-Gemisch steckt. In gut temperierter Umgebung und mit einer Plastikfolie abgedeckt, werden die Triebe bald Wurzeln bilden.

HÄUFIGE FEHLER

Die Kiwi gehört zu den sogenannten zweihäusigen Pflanzen, das bedeutet, dass männliche und weibliche Blüten auf verschiedenen Individuen wachsen. Um Früchte ernten zu können, muss daher zumindest ein männliches und ein weibliches Exemplar gepflanzt werden.

Die Kiwiblüten kündigen vitaminreiche Früchte an, die kurz vor dem Frost geerntet werden.

Die starkwüchsige Trompetenblume regeneriert sich nach kräftigen Rückschnitten gut.

Trompetenblume *(Campsis)*

Diese Kletterpflanze bildet starke Triebe aus, die im Sommer mit zahllosen Blüten bedeckt sind. In einigen Gärten sind immer wieder Exemplare zu sehen, die auf den ersten Blick wie Bäume wirken. Erst bei näherer Betrachtung ist zu sehen, dass die Pflanze das ursprüngliche Gerüst oder die Stütze vollständig überwachsen hat.

Steckhölzer

Vermehrt wird die Trompetenblume meist über ca. 5-10 cm lange Steckhölzer, die im Februar und März geschnitten und gesteckt werden. Eine seitlicher Schnitt im unteren Abschnitt des Steckholzes und eine Behandlung mit Hormonpulver sind für die Wurzelbildung unabdinglich.
Man kann auch zu Beginn des Winters einen Teil der Wurzeln ausgraben und in 5-8 cm lange Stücke schneiden. Den Winter über werden die Einzelteile in Sand gelagert und mit Frühjahrsbeginn in Töpfe mit Blumenerde gepflanzt.

Ziergehölze (Kletterpflanzen und Bodendecker)

Pflanze	**Methode**	**Zeitpunkt**
Blauregen *(Wisteria)*	Ableger	Frühling
Immergrünes Johanniskraut *(Hypericum calycinum)*	Ausläufer Steckling	Frühling Juni – Oktober
Waldrebe *(Clematis)*	Steckling Ableger	Frühling Frühling
Dickmännchen *(Pachysandra)*	Kopfsteckling	Mai - Juni
Gartengeißblatt *(Lonicera caprifolium)*	Ableger Teilstecklinge (1 - 3 Augen)	Frühling Juni – Juli
Kletterhortensie *(Hydrangea)*	Steckling Absenker	Mai – Juni Frühling
Winterjasmin *(Jasminum)*	Steckling Steckholz	Sommer Oktober – November

Rosen

Die Vermehrung von Rosen ist wirklich nur etwas für besonders hartnäckige Rosen-Liebhaber. Über Samen werden nur Wildformen - erkennbar an den einfachen Blüten - und Unterlagen für Veredelungen vermehrt.

Rosenvermehrung über Samen

Die generative Methode verlangt auch einiges an Vorarbeit. Die reifen Früchte müssen zunächst anrotten, dann werden die Samen gereinigt. Anschließend folgt eine Lagerung in feuchtem Torf-Sand-Gemisch. Diese Stratifikation muss erst bei höherer, anschließend bei niedriger Temperatur knapp über dem Gefrierpunkt, durchgeführt werden und nimmt jeweils einige Monate in Anspruch. Abgeschlossen ist dieser Prozess, wenn die Samen zu keimen beginnen. Ausgesät wird zwischen Februar und April möglichst im Freien in etwa 2 cm Tiefe.

Steckhölzer und Stecklinge

Kleinstrauch- und Bodendeckerrosen dienen in öffentlichen Parks und anderen Anlagen als Füllsträucher, da sie Trockenheit und pralle Sonne gut vertragen und das Aufkommen von Unkraut unterdrückt wird. Diese Rosengruppe lässt sich - ebenso wie Miniaturrosen im Topf - über Stecklinge vermehren. Das Teilstück ist kurz und behält nur ein Blatt. Die Triebteile werden in gut temperiertem Boden - ca. 20°C - gesteckt und mit einer Plastikhülle abgedeckt, da auch die umgebende Luft einen bestimmten Feuchtigkeitsgehalt haben muss. Kleinstrauchrosen können auch problemlos über Steckhölzer vermehrt werden. Diese werden im Dezember geschnitten und entweder gleich in Töpfen bei 15°C kultiviert oder bis zum Frühjahr in feuchtem Sand gelagert. Ab April werden sie dann in Beete gesteckt.

Experimentieren Sie einmal mit der Vermehrung durch Steckhölzer.

Die in den Hagebutten enthaltenen Samen keimen meist erst im zweiten Jahr nach der Aussaat.

WICHTIG ZU WISSEN

Rosen gehören zu jenen Pflanzen, deren Samen meist einer zweifachen Keimruhe unterliegen: einerseits ist die harte Schale wasserundurchlässig und enthält keimhemmende Stoffe, andererseits ist der Embryo zur Zeit der Ernte noch nicht voll entwickelt. Es dauert im Allgemeinen ein Jahr bis der Samen zur Keimung bereit ist.

Veredeln und okulieren

Wie bereits erwähnt, ist die Kunst der Veredelung nur durch viel Übung und Geduld zu erlernen. Rosen – vor allem die zahlreichen Sorten – werden in der Regel durch Veredelung vermehrt. Im Sommer wird die Okulation durchgeführt – Das Auge eines Edelreises wird dazu unter die Rinde einer einjährigen Unterlage geschoben. Im Winter bedient man sich der sogenannten Handveredelung – als Unterlage wird ein Wildrosensämling verwendet, der bis zum Wurzelhals zurückgeschnitten wurde. Unter seine Rinde wird ein kurzes Stück eines Edelreises mit nur einem Auge gesteckt. Veredelte Pflanzen bekommen eine Art Verband, der die beiden Teilstücke zusammenhält, bis sie miteinander verwachsen sind. Dann wird sie mit Erde angehäufelt, um die Pflanzen zu schützen.

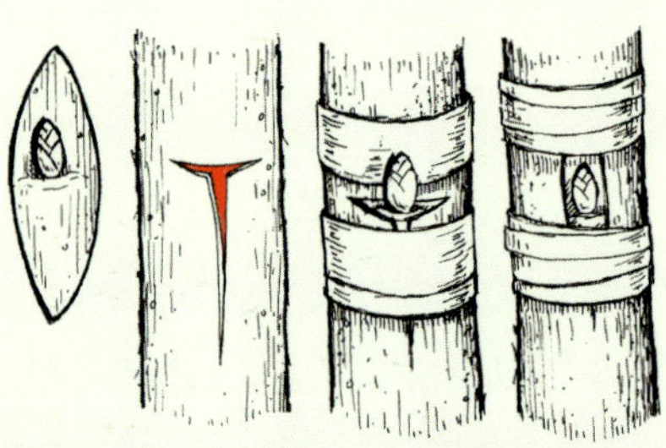

Okulation: Einsetzen des Edelauges unter die Rinde der Unterlage.

Hochstämmchen

Hochstämmchen werden einfach in der gewünschten Höhe okuliert, wobei – meiner Meinung nach – die eigentliche Herausforderung das Heranziehen und Formen der Unterlage ist. Es können auch zwei Augen eingesetzt werden: am oberen Ende der Unterlage wird die Rinde an den sich gegenüber liegenden Stellen geöffnet und jeweils ein Edelreis in den Spalt unter die Rinde geschoben. Die Öffnung wird abschließend mit Schnur zugebunden und das Auge damit fixiert.

Hochstamm-Rosen werden auf etwa 1,5 m Höhe veredelt.

Auge ist fest mit der Unterlage verwachsen.

Stauden und Sommerblumen

Stauden bilden die farbliche Komponente im Garten. Die oberirdischen Teile der Pflanzen sind krautig und werden meist über den Winter aufgegeben.
Die Vermehrung von Stauden ist meist nicht schwierig und eine gute Übung für die notwendigen Abläufe und Techniken.

Akelei *(Aquilegia)*

Eine ansprechende Pflanze, die schon lange in unseren Gärten zu finden ist. Man muss wissen, dass die Akelei fleischige Wurzeln besitzt, die bei einer vegetativen Vermehrung leicht verletzt werden können. Die Pflanzen reagieren schlecht auf Verwundungen im Wurzelbereich und können dadurch sogar absterben. Sollte trotzdem eine Teilung gewünscht werden, führt man die Arbeit am besten nach der Blüte – von Juli bis August – durch. Danach bleibt für die Pflanze noch ausreichend Zeit, um Wunden gut zu schließen und sich auf den Winter vorzubereiten.

Die Früchte der Akelei geben beim Eintrocknen die Samen frei.

Vermehrung über Samen

Die Aussaat ist deutlich die bessere Methode. Es gibt bereits eine große Anzahl an Sorten, die sich direkt aus Samen ziehen lassen. Das Saatgut wird normalerweise durch Öffnungen ausgestreut, die beim Abtrocknen der Frucht erscheinen. Also aufpassen und die Früchte kurz vor der Freigabe der Samen abschneiden und im Haus nachtrocknen. Dadurch können die Samen ausreifen und die Chance auf eine Keimung wird erhöht. Über den Winter wird das Saatgut – wie üblich – kühl und trocken gelagert. Eine Aussaat ist dann im Freiland möglich, wenn keine Fröste mehr auftreten. Ganz Ungeduldige können natürlich im geschützten Haus bereits im März mit dem Säen beginnen.

HÄUFIGE FEHLER

Nicht vergessen: Bei Aussaat im Haus immer eine durchsichtige Abdeckung verwenden, um die Feuchtigkeit länger zu halten. Dafür eignen sich zum Beispiel Plastiktüten aus dem Supermarkt oder auch eine Glasscheibe – es muss auf den Abstand zwischen Substrat und Abdeckung geachtet werden. Liegt die Abdeckung auf, kann keine Luft in die Erde und das Saatgut beginnt zu schimmeln.

Sommerblumen kann man ab Februar auf dem Fensterbrett vorziehen.

Die ersten Akeleisamen bilden sich schon während der Blüte

Aster *(Aster)*

Unter dem Begriff Astern werden sehr viele verschiedengestaltige Arten zusammengefasst. Dazu gehören u. a. Kissenastern, Bergastern sowie Raublatt- und Glattblattastern. Die meisten lassen sich gut durch Teilung vermehren. Für manche Arten ist es auch eine Notwendigkeit, da sie nach einigen Jahren von innen her verkahlen.
Die Pflanzen werden dann ausgegraben und mit einem scharfen Spaten in mehrere, mindestens 8 x 8 cm große Stücke geteilt. Nicht vergessen, dass wenigstens zwei bis drei Knospen am Teilstück vorhanden sein sollen! Anschließend werden sie wieder ausgepflanzt. Der beste Zeitpunkt für die, auch Verjüngung genannte, Vermehrungsmethode ist Mai bis Juni, wenn die Pflanzen die größte Austriebskraft besitzen.

Stecklingsvermehrung

Wer die Pflanzen nicht ausgraben, aber trotzdem vermehren will, kann auch Risslinge machen oder Kopf- oder Basisstecklinge abnehmen. Für die Stecklingsvermehrung werden 3-4 cm lange Triebe geschnitten, die in der üblichen Weise weiterkultiviert werden.
In der unten stehenden Tabelle werden die günstigsten Vermehrungsmethoden für einige Arten genannt.

Die Teilung mit der Hand ist schonender, aber anstrengender als die Trennung mit dem Spaten.

Wurzelstock einer Aster mit potenziellen Stecklingen (rot).

Botanischer Name	Deutscher Name	Weitere Vermehrungsart	Zeitpunkt
Aster dumosus	Kissenaster	Triebrisslinge	Winter
Aster amellus	Bergaster	Basisstecklinge	Ende Mai
Aster ericoides	Myrtenaster	3-4 cm lange Austriebe als Stecklinge	April
Aster novae-angliae	Raublattastern	Basisstecklinge, Risslinge	Sept. - Okt.
Aster novae-angliae	Raublattastern	Kopfstecklinge	Juni
Aster novi-belgii	Glattblattastern	Kopfstecklinge	Mai - Juni

Bartiris, Schwertlilie *(Iris barbata)*

Die Kultur als auch die Vermehrung der Bartirisarten und -sorten sind nicht so leicht und ist mit Sorgfalt durchzuführen.
Die Pflanzen werden zwischen Juli und September nach der Blüte aus der Erde genommen und in Teilstücke gerissen oder geschnitten. Die Bildung neuer Jahreswurzeln sollte noch nicht abgeschlossen sein, da die Teilpflanzen ja wieder im Boden einwachsen müssen. Nach der Teilung werden die Rhizomstücke gereinigt, schadhafte Stellen entfernt und lange Wurzeln etwas eingekürzt. Die Rhizome sollten einen Tag luftig gelagert werden, damit die Schnittstellen – ähnlich wie Wunden – verschlossen werden können. Abschließend werden die Blätter auf ca. 10 cm zurückgeschnitten und wieder eingepflanzt.
Die Pflanzen müssen noch genug Zeit haben, um vor dem Winter neue Wurzeln zu bilden. Geschieht das nicht, kann es im Winter zu Erfrierungen kommen.

Auch Rhizome und Zwiebeln bilden Wurzeln aus.

Die Vermehrung der Iris erfolgt durch Teilung der fleischigen Wurzelstöcke.

WICHTIG ZU WISSEN

Die Rhizomstücke der Bartiris müssen beim Pflanzen waagerecht auf die Erde gelegt werden, während man die Wurzeln in die Tiefe senkt. Nun das Rhizom etwa zur Hälfte flach mit Erde bedecken. Sitzt das Rhizom nicht in der richtigen Position, geht die Pflanze mit der Zeit ein.

Blaukissen *(Aubrieta)*

Die Bodendecker für den Steingarten und andere stark besonnte Plätze lassen sich gut über Teilung vermehren. Der beste Zeitpunkt für das Ausgraben und Trennen ist August bis Anfang September. Dabei muss tief genug gegraben werden, um die Wurzeln nicht zu verletzen. Die einzelnen Teilstücke brauchen zumindest fünf Rosetten, um genug Kraft für das eigenständige Leben zu haben.

Stecklingsvermehrung

Auch Stecklinge können von den Pflanzen abgenommen werden. Diese Methode ist den ganzen Sommer über einsetzbar.
Dabei werden 3-4 cm lange, krautige Kopfstecklinge verwendet, die gleich getopft werden und innerhalb von 6-8 Wochen anwurzeln. Gefördert wird die Wurzelbildung, durch ein Aufstellen der Triebe bei, allerdings im Sommer schwierig zu haltenden, 15 °C.

Fetthenne *(Sedum)*

Die an den fleischigen Blättern erkennbaren Pflanzen lassen sich über Teilung, Stecklinge und Risslinge sehr leicht vermehren. Die Teilung kann bis zum Spätsommer durchgeführt werden – die Pflanzen sollten aber die Gelegenheit erhalten, vor dem Winter die Wundheilung abzuschließen. Risslinge lassen sich auch jederzeit abnehmen und an den neuen Standort pflanzen.

Stecklingsvermehrung

Möchte man die Pflanzen nicht aus der Erde nehmen, kann die Stecklingsmethode verwendet werden. Dazu eignen sich auch die Blütentriebe, die – im Gegensatz zum restlichen Gewächs – 30-40 cm hoch werden können. Die Triebe werden ca. 20 cm unterhalb der Blüte abgeschnitten und zwei bis drei Tage liegen gelassen. Diese Lagerung dient den Stecklingen dazu, die Schnittwunde zu verschließen – Reserven zum Überleben haben sie durch ihre dicken Blätter, die als Speicherorgane funktionieren, genug. Anschließend werden sie zur Hälfte in einen Topf gepflanzt und feucht gehalten. Sie verbringen den Winter an einem frostfreien Ort – eine Abdeckung ist nicht unbedingt notwendig. Im Frühjahr zeigen sich die ersten Rosetten, die so klein sind, dass man genau hinschauen muss, um sie zu erkennen.

Sedum-Arten lassen sich leicht vermehren, sehr zur Freude von Sammlern und Spezialisten.

Die Stecklinge der Fetthenne müssen einige Tage an der Luft trocknen.

Flammenblume *(Phlox)*

Das Auffälligste an *Phlox* sind wohl die unterschiedlichen Höhen, die Arten dieser Gattung aufweisen. Daran kann man ein wenig erahnen, wie vielfältig und groß diese Pflanzengruppe ist. Da gerade die Sorten für Gartenbesitzer interessant sind, rücken beim *Phlox* die Varianten der vegetativen Vermehrung in den Vordergrund.

Teilung

Teilung steht an erster Stelle, da hier – je nach Bedarf – größere oder kleinere Stücke abgenommen werden, die alle notwendigen Pflanzenteile besitzen. Die meisten Flammenblumen müssen vor der Blüte geteilt werden, da die Kraft dann am größten ist. Nur beim Teppich-Phlox haben Teilstücke auch nach der Blüte noch genug Energie für ein eigenständiges Leben.

Risslinge

Die „Sparvariante“ der Teilung ist die Abnahme von Risslingen, die ebenfalls gut zur Vermehrung von Phlox genutzt werden können. Solange am Trieb ein Stück Wurzel verbleibt, ist die Chance groß, dass die Teilpflanzen überleben. Allerdings sollten sie in den nächsten Monaten gut gepflegt werden, da sie wahrscheinlich nicht die Kraft haben Mängel, wie zum Beispiel zu wenig Wasser, auszugleichen.

Wurzelschnittlinge

Hat man den Frühjahrstermin verpasst, bietet sich im Herbst noch einmal die Chance zur Vermehrung über Wurzelschnittlinge. Die Pflanzen werden angegraben und mit einem Spaten werden ca. 4-6 cm lange Wurzelstücke abgestochen. Diese bleiben im Boden nahe der Mutterpflanze bis sie im Frühjahr neu austreiben. Erst jetzt werden sie an einen anderen Standort verpflanzt.

Funkie *(Hosta)*

Die Zierstauden für die halbschattigen bis sonnigen Plätze sind in vielen Formen und Farben zu finden. Der Nachteil dieser abwechslungsreichen Pflanzen besteht lediglich darin, dass vor allem Sorten zum Einsatz kommen.

Teilung

Sie lassen sich nur vegetativ vermehren. Auch hier bietet sich die Teilung an, vor allem, da diese Methode fast das gesamte Jahr über möglich ist. Trotzdem ist der Frühling die beste Zeit, da die Wuchskraft nun auf dem Höhepunkt ist. Auch der Spätsommer ist günstig – hier muss zusätzlich das Laub zurückgeschnitten werden. Die Einzelstücke brauchen drei bis vier Knospen, um sich gut weiter zu entwickeln.

Funkien sind ideale Blattschmuckstauden.

Jungfer im Grünen, Schwarzkümmel *(Nigella)*

Eine Sommerblume, die jeden Garten bereichert. Die feinen lanzettlichen Blätter erwecken den Eindruck, als würden die Blüten über der Pflanze schweben.

Vermehrung über Samen

Die Pflanze ist einjährig und wird nur über Samen vermehrt, da auch die Natur jedes Jahr wieder diesen Weg wählt. Der Anblick der Pflanzen auf dem Beet belohnt den Gärtner aber für seine jährliche Aufzucht. Samen werden in ausreichender Zahl gebildet. Die Fruchtstände trocknen ein, öffnen sich und geben auf diese Weise die Samen frei. Da die Öffnungen an der Oberseite entstehen, können auch bereits „ausstreuungswillige“ Pflanzen noch beerntet werden.

Ausgesät wird von Mitte März bis Juni direkt auf dem Beet. Fangen die Sämlinge an sich gegenseitig zu behindern, werden sie auf 20-30 cm Abstand auseinander gesetzt.

Die Kapseln der Jungfer im Grünen sind kleine Kunstwerke.

Die Vermehrung der Kaiserkrone erfordert Übung und Gefühl.

Kaiserkrone *(Fritillaria)*

Die Pflanzen, denen nachgesagt wird, dass der Geruch ihrer Zwiebeln Wühlmäuse vertreibt, werden schon seit Langem in Bauerngärten verwendet. Ihre Schönheit ist nach wie vor reizvoll und macht eine Vermehrung erstrebenswert. Mögliche Methoden sind Aussaat und die Abnahme von Brutzwiebeln.

Vermehrung über Samen

Die Samen müssen gleich nach der Reife im Sommer auf Beete oder in Töpfe ausgesät werden. Vor Frost wird die Saat durch eine Abdeckung aus Stroh oder einem Vlies geschützt. Nachteil der Vermehrung über Samen ist die lange Dauer, bis die Jungpflanzen zur Blüte kommen, da erst die Zwiebel, also das Speicherorgan, gebildet werden muss. Die ersten Blüten bilden sich nach 4-8 Jahren - die Frage, wie sich die generative Vermehrung auf Blütengröße, -farbe und -anzahl auswirkt, bleibt also lange Zeit ein Geheimnis.

Brutzwiebeln

Brutzwiebeln sind zwar schon weiter in der Entwicklung, ihre Entstehung muss aber erst noch gefördert werden: Die Zwiebel wird dazu im August aus der Erde genommen, gereinigt und der Boden mehrmals über Kreuz eingeschnitten. Diese Arbeit ist ein heikler Vorgang: Der Schnitt muss tief genug sein, damit die Pflanze nicht blüht, aber nicht zu tief - in diesem Fall wird die Zwiebel austrocknen. Das angeschnittene Speicherorgan wird ca. vier Wochen auf dem Kopf stehend in Sand eingegraben und bei 18-20 °C gelagert. Anschließend werden sie wieder auf dem Beet eingesetzt. Jeweils im Herbst der nächsten zwei darauffolgenden Jahre gräbt man die Mutterzwiebel wieder aus und trennt die an den Schnittstellen gebildeten Brutzwiebeln ab.

HÄUFIGE FEHLER

Die knollenförmigen Zwiebeln der Kaiserkronen haben auf der Oberseite eine Vertiefung, aus der im Frühjahr der neue Stängel herauswächst. Legt man das Speicheorgan waagerecht in die Erde, kann sich hier Wasser sammeln und die Zwiebeln beginnen zu faulen. Es ist also besser, die Knolle schräg in die Ede zu legen, damit das Wasser abfließen kann. Eine Neigung bis zu etwa 45° kann hier toleriert werden.
Die Zwiebeln reagieren auch auf anstehende Feuchtigkeit sehr empfindlich und fangen schnell an zu modern. Beim Setzen wird die Zwiebel deshalb in ein Sandbett gelegt, das - ähnlich einer Drainageschicht - für ein sofortiges Abfließen des Wassers sorgt. Die Knolle sollte mit einer etwa 5 cm dicken Sandschicht umgeben sein und 20 cm tief eingegraben werden.

Katzenminze *(Nepeta x faassenii)*

Nepeta gehört zu den dankbaren, anspruchslosen Blütenstauden, die nahezu für jeden sonnigen Standort geeignet sind. Ähnlich einfach ist auch die Vermehrung. Ob über Aussaat, Teilung oder Steckling – hier ist alles möglich. Die Teilung führt man am besten gleich vor Ort mit einem scharfen Spaten durch.

Ausaat

Ausgesät wird meist von April bis Juni, wobei eine Saat in der Zeit ohne Frostgefahr möglich ist. Im zeitigen Frühjahr wird in Töpfen vorkultiviert und die Jungpflanzen nach den Eisheiligen – Mitte Mai – in den Garten gesetzt.

Stecklingsvermehrung

Krautige Kopfstecklinge können gleich nach dem Austrieb im Frühjahr oder im Herbst nach dem Abblühen gewonnen werden. Sie bewurzeln leicht, wenn sie gleich in Substrat gesteckt und feucht gehalten werden.

Lilie *(Lilium)*

In Fachbüchern wird eine Vermehrung über Samen beschrieben, die recht aufwändig ist, da mehrere Phasen von kühlen und warmen Temperaturen durchlaufen werden müssen. Interessant ist die generative Vermehrung nur für die Züchtung neuer Sorten.

Tochterzwiebeln

Es gibt jedoch einfachere Wege, um Lilien aus dem Garten zu vermehren. Lilien haben Zwiebeln als Speicherorgane, die – wie andere Zwiebeln auch – nach einigen Jah-

IMMER MIT DER RUHE

Möchte man nicht so lange warten bis sich Tochterzwiebeln gebildet haben, kann auch über die Schuppen der Zwiebel vermehrt werden. Diese Methode braucht aber viel Zeit, Sorgfalt in der Pflege und Geduld.

Durch Zwiebelteilung entstehen in der Natur im Laufe der Zeit Zwiebelnester.

Zwiebelpflanzen speichern Nährstoffe in ihrem knolligen Wurzelorgan.

ren im Boden recht willig Tochterzwiebeln ausbilden. Mit der Zeit kommt es zu einer großen Konzentration an Zwiebeln, die im Frühling oder Herbst abgenommen werden können. Dabei muss beachtet werden, dass jede Zwiebel einige Wurzeln behält, da über diese die Versorgung mit Wasser und anderen Stoffen aus dem Boden erfolgt. Wird die Vereinzelung solcher Ansammlungen nicht durchgeführt, sind die Pflanzen mit der Zeit großem Stress ausgesetzt und hören auf zu blühen.

Nicht zu viele Zwiebelschuppen entnehmen, dies kostet die Pflanze viel Energie.

Zwiebelschuppen

Nachdem die Blätter eingetrocknet sind, wird das Speicherorgan aus der Erde entnommen und gut gereinigt, damit die Einzelschuppen besser zu sehen sind.
Nur die kräftigsten, äußeren Schuppen werden abgetrennt – sie lassen sich leicht mit der Hand entfernen, wobei ein Rest des Zwiebelbodens an der Schuppe bleiben muss. Die Ausgangszwiebel wird sofort wieder eingepflanzt, die Schuppen legt man in eine Schale oder Kiste mit feuchtem Sand. Um eine Austrocknung über die nächsten Monate zu verhindern, wird eine durchsichtige Plastikhülle um das Gefäß gewickelt. Die Kiste wird bei 12-15 °C gelagert und die Feuchtigkeit regelmäßig kontrolliert.
Im Frühling streut man die Schuppen auf ein Beet und bedeckt sie leicht mit Erde oder Torf. Nach einigen Wochen – in denen auch wieder die Feuchtigkeit gehalten werden muss – bilden sich Brutzwiebeln an den Bruchstellen. Diese können abgenommen und eingesetzt werden.

Bulben

Einige Arten bilden Achselbulben oder Stängelbulben. Dabei handelt es sich um kleine Brutzwiebeln, die eben an den genannten Orten entstehen. Sie fallen bei Reife ab und wachsen im nächsten Jahr zu eigenständigen Pflanzen heran. Sammelt man die Brutzwiebeln rechtzeitig ab, kann auch eine kontrollierte Pflanzung erfolgen. Die kleinen Speicherorgane werden gleich in einen Topf gesetzt und mit etwas Erde bedeckt. Manche der Zwiebeln bilden noch im Herbst die ersten Blätter, die meisten werden aber erst im Frühling mit dem Wachstum beginnen.

WICHTIG ZU WISSEN

Einige Lilien bilden kleine Jungpflanzen in den Blattachseln, die ab einer gewissen Größe abgenommen und gleich weiterkultiviert werden können.

Zur Vermehrung verwendet man Zwiebelschuppen, aber möglichst wenig abnehmen, sonst bleibt der Zwiebel zu wenig Kraft zum Austreiben.

Pfingstrose *(Paeonia)*

Bei den Pfingstrosen unterscheidet man die krautigen, also einziehenden Arten und die verholzenden, nicht einziehenden Arten. Die Vermehrung läuft bei beiden Varianten ähnlich ab.

Aussaat

Da die meisten Pflanzen Samen bilden, kann über Aussaat vermehrt werden.

Das Saatgut wird gleich nach der Ernte auf ein Beet oder in Saatkisten gestreut und etwa 2 cm mit Erde bedeckt. Der Winter kann genutzt werden, um die Samen auf natürliche Weise den tiefen Temperaturen auszusetzen, die sie zur Überwindung der Keimruhe brauchen. Im Frühjahr sollten die ersten Keimblätter erscheinen. Wird das Saatgut aber zu trocken, kann es passieren, dass die Keimung erst im zweiten Jahr nach der Ernte erfolgt.

Teilung

Die Teilung ist die richtige vegetative Methode für die Vermehrung der Pfingstrosen. Geteilt wird während der Ruhephase im Herbst, wenn das Laub schon eingetrocknet ist oder im Frühjahr, kurz bevor die Knospen zum Austrieb ansetzen. Im Herbst darf der Zeitpunkt nicht zu spät gewählt werden, da die Stücke vor dem Winter noch einwurzeln müssen. Von September bis Oktober besteht die Möglichkeit, diese Arbeit durchzuführen. Bricht der Winter früher als erwartet aus, kann der Wurzelstock noch kurzfristig mit Reisig oder Laub vor der Kälte geschützt werden.

Nach dem vorsichtigen Ausgraben müssen die Wurzelstöcke zuerst gereinigt werden, damit man die Augen, also die zukünftigen Austriebsstellen erkennen kann. Im sauberen Zustand wird auch sichtbar, dass die Wurzeln aus verholzten und fleischigen Teilen bestehen. Anschließend werden die starken und oft knorrigen Stöcke mit einem scharfen Messer oder einer guten Gartenschere möglichst mit einem Schnitt getrennt. Dabei muss beachtet werden, dass jedes Teilstück einerseits mindestens drei Augen und andererseits knorrige und fleischige Wurzelanteile hat. Die Teilstücke werden möglichst wieder auf einem Beet im Garten eingesetzt.

WICHTIG ZU WISSEN

Bei der Pflanzung der Pfingstrosen ist es wichtig, dass die Wurzeln nicht zu tief eingegraben werden. Die Wurzelstöcke oder Teilstücke setzt man vorsichtig in ein vorbereites Pflanzloch, das auch von lockerem Erdreich umgeben ist, um die optimale Entwicklung der neuen Wurzeln nicht zu gefährden. Über dem Wurzelstock sollte nur etwa 5 cm Erde liegen.

Die abgetrennten Wurzelteile der Pfingstrose dürfen höchstens 5 cm tief eingegraben werden.

Prachtspiere *(Astilbe)*

Bei den meisten Astilbensorten ist eine Aussaat möglich, aber nur wenige Samen gehen auf – länger als vier bis fünf Wochen sollte man auf die Keimlinge nicht warten. Erfolgreicher ist eine Teilung der Wurzelstöcke im Winter. Die Arbeit sollte in der Vegetationsruhe erfolgen. Die Wurzeln ähneln eher Knollen, sind sehr kompakt und haben viel Holzanteil. Zu Beginn des Monats Dezember werden die Wurzelstöcke ausgegraben und in einem Sand-Erde-Gemisch frostfrei gelagert. In den Monaten Februar und März schneidet man sie auseinander. Dazu benutzt man ein Messer mit scharfer, gerader Klinge, damit die Schnittflächen möglichst glatt und sauber sind. Jedes Stück braucht einige Augen, denn nur hier kann der neue Austrieb erfolgen. Nach der Teilung werden die neuen Einzelpflanzen in Töpfe gesetzt und bis zum Frühjahr frostfrei gehalten. Wenn die Temperaturen es zulassen, kann auch gleich an den endgültigen Standort gepflanzt werden – vor Kälte wird in diesem Fall mit Abdeckungen wie Rindenmulch oder Laub geschützt.

WICHTIG ZU WISSEN

Schnittflächen sind mit Wunden vergleichbar. Die Trennungen sollten daher möglichst kleinflächig erfolgen und ebene Flächen hinterlassen, die nicht in die Tiefe führen. Zur Desinfektion können die Schnittstellen mit Holzkohle bestäubt werden.

Man muss den Wurzelstock der Prachtspiere gut gesäubert, um ihn in lebensfähige Teilstücke zerlegen zu können.

Rittersporn *(Delphinium)*

Auch diese alte Bauernpflanze ist ein wertvoller Sommerblüher. Die Pflanze hat gerne etwas Abstand zu anderen Pflanzen. Wird diese Bedingung nicht eingehalten, zieht sich der Rittersporn zurück und verschwindet bald ganz.

Einige Arten und Sorten lassen sich über Samen recht gut vermehren. Das Ausbringen kann gleich nach der Ernte erfolgen, das Saatgut wird dazu in Kisten ausgestreut und die Gefäße bei Temperaturen zwischen 15 und 20 °C gelagert. Es kann Variationen geben – Wildformen keimen besser nach einer Kälteeinwirkung, manche Sorten haben größere Erfolge im Frühjahr. Hier müssen einfach verschiedene Bedingungen ausprobiert werden.

Teilung

Besondere Exemplare sollten vegetativ vermehrt werden, um ihre Eigenschaften zu erhalten. Durch Teilung werden die besten Ergebnisse erzielt. Kurz vor Beginn des Wachstums im Frühling werden die Pflanzen aus dem Boden geholt. Bitte darauf achten, dass die Knospen noch nicht ausgetrieben haben – die Pflanze muss sich noch in

Rittersporn-Sorten lassen sich nur vegetativ vermehren. Ein Steckling, der ein Stück Wurzel behält, hat gute Chancen anzuwachsen.

der Ruhephase befinden. Der Wurzelstock sollte gut ausgewaschen werden, damit die Knospen leichter zu finden sind. Die Einzelstücke brauchen eine Reserve an Augen, es sollten nicht weniger als drei bis vier Knospen pro Teilpflanze belassen werden. Abschließend kürzt man die langen Wurzeln noch etwas ein und pflanzt die Stücke nicht zu tief in Töpfe – die Knospen müssen allerdings alle mit Erde bedeckt sein.

Stecklinge

Im Frühling können auch Basisstecklinge von den Pflanzen abgenommen werden. Hier muss ein Stück des verholzten Wurzelteils am Steckling verbleiben. Der Steckling selbst soll maximal 10 cm lang sein, mit einer Plastikhülle versehen und für etwa einen Monat bei 15-17 °C gepflegt werden.

Rittersporn sucht sich selbst seinen Platz im Garten.

Taglilie *(Hemerocallis)*

Die Aussaat ist bei Taglilien zwar möglich, verläuft aber oft sehr unregelmäßig. Es kann vorkommen, dass nur wenige Samen aufgehen. Den größten Erfolg erzielt man, wenn gleich nach der Ernte auf einem Beet ausgesät wird. Werden die Samen den Winter über kühl gelagert, können die Sämlinge auch im zeitigen Frühjahr im Haus gezogen werden.

Teilung

Da von Taglilien vor allem Sorten in Gärten verwendet werden, lässt sich die Vermehrung am besten durch Teilung bewerkstelligen. Die Pflanze wird zwischen März und April oder nach der Blüte ausgegraben und gereinigt, damit man einen Überblick über den Wurzelstock erhält. Wichtig ist bei dieser Art, dass die oberen Teile des Rhizoms mit den Blattaustrieben nicht beschädigt werden. Die Wurzeln kann man in mehrere Teilstücke zerlegen, die man dann gleich wieder einsetzt.

Vermehrung über Aussaat macht bei Taglilien nur für Wildarten Sinn.

Stauden

Pflanze	Methode	Zeitpunkt
Erdbeere *(Fragaria)*	Ausläufer	Frühjahr oder Herbst
Fingerkraut *(Potentilla)*	Teilung	April – Juni
Storchschnabel *(Geranium)*	Teilung	Frühjahr
Lavendel *(Lavandula)*	Kopfsteckling	Frühjahr (erster Austrieb)
Schleifenblume *(Iberis)*	Rißling Steckling	Frühjahr oder Herbst Mai - Juni
Pfeifenputzergras *(Pennisetum)*	Teilung	Frühjahr (nach dem Austrieb)
Sonnenhut *(Rudbeckia)*	Aussaat Rißling	April – Mai unter Glas Frühjahr (vor dem Austrieb) oder Herbst
Stockrose *(Alcea)*	Aussaat	Februar – März (unter Glas)

Topf- und Kübelpflanzen

Zu dieser Gruppe zählen imposante Gewächse aus aller Welt. Sie werden meist größer als Zimmerpflanzen, bevorzugen im Sommer einen Platz im Freien und im Winter einen hellen, frostfreien Standort. Einige der hier genannten Pflanzen sind schon ein fester Bestandteil vieler Balkone und Terrassen, andere werden sicher noch dazukommen.

Bougainvillea, Wunderblume *(Bougainvillea)*

Die im Mittelmeerraum schon lange eingebürgerte Pflanze möchte auch in unseren Breiten den Sommer im Freien verbringen. Da auch von diesen Gewächsen meist Sorten verwendet werden, kommt nur eine vegetative Vermehrung in Frage. Nachdem die Pflanze bei etwa 8-10 °C hell überwintert wurde, kommt sie im Frühling zuerst an wärmere Standorte ins Haus, um die neue Vegetationsperiode zu beginnen.

Die Bourgainvilleb bringt jede Terrasse zum Leuchten.

Stecklingsvermehrung

Sobald sich die Pflanze wieder in vollem Wachstum befindet, also Blätter und Triebe gut ausgebildet sind, werden leicht verholzte, auch als halbreif bezeichnete Kopfstecklinge oder Teilstecklinge mit mindestens drei Knoten geschnitten. Die Bewurzelung gelingt allerdings häufig nur bei Bodentemperaturen zwischen 25 und 30 °C. Da die Stecklinge nicht in direkter Sonne stehen dürfen, ist es nicht so leicht, diese Bedingungen ohne professionelle Ausstattung zu verwirklichen. Es empfiehlt sich daher Hormonpulver zur besseren Wurzelbildung zu verwenden. Die Triebe werden in nährstoffreiche Blumenerde mit einem Drittel Sand gesetzt und mit einer Plastikhülle gegen zu raschen Wasserverlust geschützt.

Buntnessel *(Solenostemon)*

Die für ihre beeindruckenden Blattfarben und -muster bekannten Pflanzen gehören zu den kleiner bleibenden Gewächsen, die sich für sonnige bis halbschattige Standorte eignen. Sie lassen sich sehr leicht durch Stecklinge vermehren. Die krautigen Triebe werden in undurchsichtige Gefäße mit Wasser gestellt und bewurzeln dort schnell. Die Verzweigung muss über mehrmaliges Stutzen angeregt werden.

Vermehrung durch Samen

Für interessante Ergebnisse können auch Samen zur Vermehrung eingesetzt werden. Die sehr feinen Körner werden auf das Substrat - Blumenerde eignet sich in diesem Fall am besten - gestreut und mit der Sprühflasche befeuchtet. Bei einer Temperatur von etwa 21 °C keimt das Saatgut innerhalb von 2-3 Wochen. Vielleicht züchten ja gerade Sie eine neue Sorte mit außergewöhnlichen Farbakzenten.

Buntnesseln lassen sich leicht aus Samen ziehen.

Chinesischer Roseneibisch *(Hibiscus rosa-sinensis)*

Hibiskus oder Roseneibisch ist in vielen Gebieten der Erde beheimatet. Daraus ergeben sich natürlich Anpassungen an die jeweiligen Klimabedingungen. In Mitteleuropa können die einheimischen Arten des Hibiskus den Winter an geschützten Standorten im Freien überleben. Der chinesische Roseneibisch – auch Zimmerhibiskus genannt – überlebt solche Temperaturen nicht und muss im Haus überwintern. Im Sommer sind sie aber willkommene Blütensträucher für Balkone und Terrassen, die gute Betreuung mit hoher Blühfreudigkeit belohnen.

Stecklingsvermehrung

Der chinesische Roseneibisch lässt sich durch Kopf- und Teilstecklinge vermehren, die am besten im Frühsommer geschnitten werden sollten. Teilstecklinge sollten nicht unter drei Knoten besitzen. Besonders wichtig ist, dass die Triebe eine gut ausgereifte Basis besitzen. Auch die Teilstecklinge dürfen keine weiche oder zu krautige Sprossachse besitzen – die Triebteile würden in der Erde abfaulen. Einen zu weichen Stängel erkennt man daran, dass er sich zwischen zwei Fingern leicht zusammendrücken lässt, da noch keine stützenden Fasern gebildet wurden.

Veredelung

Die Sorten, deren besondere Blütenfarben weitergegeben werden sollen, werden über Veredelung vermehrt. Die Edelreiser werden im Februar und März auf den Wurzelhals von ein- bis zweijährigen Sämlingen gesetzt.

WICHTIG ZU WISSEN

Die Stecklinge können zu zweit oder zu dritt in einen Topf gesteckt werden. Dadurch entsteht innerhalb kurzer Zeit ein buschiger Eindruck der wachsenden Jungpflanzen. Setzt man die Triebe dagegen einzeln, muss mehrmals gestutzt werden, damit die Pflanzen eine höhere Verzweigung ausbilden und dichter wirken.

Die Samen unserer Zimmerpflanzen sind allgemein nicht lange lebensfähig.

Für die Auswahl der Stecklinge zur Vermehrung des Roseneibisch braucht man ein geübtes Auge.

HÄUFIGE FEHLER

Die meisten Fuchsien wollen nicht zu warm überwintert werden. Kühle Temperaturen bis nahe am Gefrierpunkt sind notwendig, da die Pflanzen eine Vegetationsruhe brauchen und ihr Laub abwerfen. Hat der Frost die Pflanzen im Herbst doch einmal überrascht und sie sind erfroren, sollten die Gewächse trotzdem überwintert werden. Meistens treiben sie im Frühling aus dem alten Holz wieder neu aus.

Fuchsie – attraktive und pflegeleichte Pflanze für halbschattige Plätze und Nordfenster.

Fuchsie *(Fuchsia)*

Fuchsien sind sehr beliebte Balkonpflanzen nicht nur für sonnige Standorte. Die Vermehrung ist sehr leicht über Kopfstecklinge möglich. Geschnitten werden leicht verholzte Stecklinge mit mindestens vier Knoten, die unteren Blätter entfernt man und steckt die kleinen Triebe am besten in Multitopfplatten. Hat man so etwas nicht zur Verfügung, werden mehrere Stecklinge zusammen in einen Rundtopf gesetzt.
Bei einer Temperatur von 20 °C bewurzeln die Pflanzen schnell, sie werden anschließend in kleinen Töpfen vereinzelt. Erst einige Monate später, wenn der Frühling nicht mehr weit ist, kann man sie in größere Töpfe pflanzen, damit sie über die Vegetationsperiode mit dem Platz im Wurzelbereich auskommen. Nur nicht gestresste Pflanzen blühen gern und viel.
Beginnt man früh mit dem Ansetzen von Stecklingen, haben die Pflanzen bis zur nächsten Saison bereits eine gewisse Größe erreicht. Ab September kann bereits mit der Aufzucht begonnen werden – dann kann man im Frühjahr gleich mit voll entwickelten Pflanzen auftrumpfen, die hoffentlich bald blühen. Das Setzen von Stecklingen ist bis April möglich – die Pflanzen sind dann allerdings beim Auspflanzen noch nicht so weit in ihrer Entwicklung.

WICHTIG ZU WISSEN

Die Verzweigung wird auch hier durch regelmäßiges Stutzen gefördert. Mit der Zeit bekommt man ein Gefühl für den richtigen Zeitpunkt, die Häufigkeit der Anwendung und die Menge, die entfernt werden muss. Den notwendigen Schnitt bitte immer mit einer scharfen und sauberen Gartenschere durchführen. Bei sehr dünnen Trieben kann auch mit einer gut funktionierenden Schere oder einem guten Messer mit scharfer, glatter Klinge gearbeitet werden.

Schmucklilie *(Agapanthus)*

Als farbige Akzente können diese pflegeleichten Kübelpflanzen auch in formalen Gärten in Verbindung mit dunkelgrünen Heckenpflanzen oder Schnittfiguren sehr gut zur Geltung kommen. Ihre langen Blätter bilden einen schönen Rahmen für die lang anhaltende Blüte. Es gibt auch hier verschiedene Zuchtsorten – es kann also für jeden Garten oder sonstigen Außenraum eine Sorten in der passenden Größe oder Farbe gewählt werden.

Teilung

Für die Sortenvermehrung ist die Teilung am besten geeignet. Alle vier bis fünf Jahre, wenn der Topf zu klein wird, sollten die Pflanzen umgetopft werden – in diesem Rahmen kann man auch teilen. Der beste Zeitpunkt dafür bietet sich nach der Blüte an, da die Pflanze ihre Kraft nicht mehr für deren Bildung braucht. Früchte werden entfernt und die harten, länglichen Wurzelstrünke der Pflanzen mit sauberen, glatten Schnitten in mehrere Stücke geteilt und neu getopft. Das Blattwerk wird anschließend stark zurückgeschnitten, um die Verdunstung zu minimieren und die Energie auf die Einwurzelung zu lenken.

Vermehrung durch Samen

Bevorzugt man die Aufzucht aus Samen, wird im März oder April im Haus ausgesät. Die ovalen Samen werden nur leicht mit Substrat bedeckt und bei ca. 15 °C feucht gehalten. Bis die Pflanzen zur Blüte kommen, brauchen sie drei bis vier Jahre! Und das Ergebnis wird – wie oft bei Sämlingen – erst mit der Zeit erkennbar.

Der Reifegrad der Samen lässt sich an der Farbe erkennen – schwarze Samen sind keimfähig.

Schönmalve *(Abutilon)*

Von den unterschiedlichen Arten sind viele Hybriden in Kultur, die sich vor allem durch Blütefarbe oder -form unterscheiden. Die meisten können eine Höhe von fast 2 m erreichen und müssen regelmäßig vor dem Überwintern um die Hälfte oder ein Drittel zurückgeschnitten werden.

Schönmalven können bei guten Bedingungen bis zu zwei Meter hoch und breit werden.

Stecklinge

Von den Pflanzen werden Kopfstecklinge, aber auch Teilstecklinge geschnitten.
Die Vermehrung kann zwar das ganze Jahr über erfolgen, ist aber von Frühling bis zum frühen Sommer am erfolgreichsten und einfachsten, da hier auch die notwendigen Temperaturen von 20-22 °C gegeben sind. Gesteckt werden die Triebe in eine Mischung aus Erde und 1/3 Sand.

WICHTIG ZU WISSEN

Werden Pflanzen über Stecklinge vermehrt, müssen eventuell daran vorhandene Blüten oder Früchte abgeschnitten werden, da sie sonst die ganze Kraft für sich beanspruchen. Erst wenn die Organe zur Vermehrung entfernt wurden, konzentriert sich der Trieb auf die Wurzelbildung.

Strauchmargerite *(Argyranthemum)*

Die mehrjährigen Stauden zeigen ihre Blüten oft von Juni bis September, bei günstigen Bedingungen sogar bis Oktober. Voraussetzung ist die regelmäßige Entfernung aller vertrockneten Pflanzenteile und verwelkten Blüten. Durch diese Pflege werden die Margeriten dazu motiviert immer wieder Blüten anzusetzen.

Vermehrung über Samen

Eine Vermehrung kann hier zwar auch mit Samen durchgeführt werden, die Aussaat bringt aber nicht so schöne Pflanzen hervor wie die von Betrieben gezüchteten Sorten.

Stecklingsvermehrung

Über Kopfstecklinge können über die gesamte Vegetationsperiode Jungpflanzen produziert werden. Berufsgärtner bevorzugen aber den Schnitt der Stecklinge von abgeblühten Pflanzen im Spätherbst. Die eingesetzten Triebe bewurzeln bei etwa 15 °C am besten. Nach der Bildung der Wurzeln werden sie in Töpfen zwischenkultiviert, die einen Durchmesser von 10-12 cm haben. In dieser Zeit ist es wichtig, dass die Jungpflanzen einige Male zurückgeschnitten werden, damit sie einen stärker verzweigten Wuchs ausbilden. Zur Vermehrung lassen sich auch Risslinge verwenden, die den Vorteil haben bereits bei der Abnahme einen kleinen Teil Wurzel zu besitzen.

Hochstämmchen

Für die Erziehung zum Hochstämmchen wird der Jungpflanze nur ein starker Trieb gelassen, die restlichen werden komplett weggeschnitten. Um den Stamm zu stärken, wird er an einem Stab festgebunden, der ihn stützen kann, und die Seitentriebe immer wieder entfernt. Ist die gewünschte Höhe erreicht - meist sind das 80-100 cm - wird der Stamm abgeschnitten und durch mehrmaliges Stutzen der nun wachsenden Seitentriebe eine dichte, gut verzweigte Krone geformt.

Strauchmargeriten sind ausdauernd blühende Kübelpflanzen.

Methoden zur Vermehrung von Kübelpflanzen

Pflanze	Methode	Zeitpunkt
Agave *(Agave)*	Ausläufer	Frühjahr oder Herbst
Schmucklilie *(Agapanthus)*	Teilung	Herbst
Granatapfel *(Granatum)*	Aussaat	Herbst oder Frühjahr
	Steckling	Sommer
Himmelsbambus *(Nandina)*	Kopfsteckling	Sommer
Lorbeerbaum *(Laurus)*	Kopfsteckling	Sommer
Ölbaum *(Olea)*	Kopf- oder Teilsteckling	Sommer
Oleander *(Nerium)*	Kopf- oder Teilsteckling	Juni - August
Wandelröschen *(Lantana)*	Kopfsteckling	Herbst oder Januar/Februar
Zylinderputzer *(Callistemon)*	Steckling, Rißling	Sommer

Kräuter

Viele Kräuter lassen sich auf kleinstem Raum kultivieren. Die meisten sind auch in der Natur auf knappe und karge Standorte angewiesen, die dazu in voller Sonne liegen. Es lohnt sich in jedem Fall, ein wenig Zeit zu investieren und Neues auszuprobieren. Der Geschmack von frisch Geerntetem ist alle Arbeit und Mühe wert.

Liebstöckel, Maggikraut *(Levisticum)*

Das stark aromatische Kraut eignet sich gut zum Würzen von Suppen. Es ist mehrjährig und kann in nährstoffreichen, schweren Böden, in denen es sich wohl fühlt, geradezu extrem wuchern. Darf die Pflanze uneingeschränkt wachsen, kann sie leicht eine Höhe von 2 m erreichen. Wird die Staude allerdings zu groß, können die stärksten Triebe bodennah abgeschnitten werden. Die Pflanze nimmt den Schnitt meist als Anregung zum Weiterwachsen. Liebstöckel sollte auch nicht blühen, da die Bildung von Fortpflanzungsorganen viel Kraft braucht. Die Blätter werden zwei- bis dreimal im Jahr geerntet und können getrocknet oder eingefroren länger aufbewahrt werden. Die Ernte des Krautes ist von Frühsommer bis Spätherbst möglich – im Winter frieren die Blätter ab.

Liebstöckel bevorzugt nährstoffreiche Standorte und lässt sich leicht durch Teilung vermehren.

Vermehrung über Samen

Eine Vermehrung kann hier durch Aussaat erfolgen. Gesät wird im Frühherbst oder Mitte Mai. Der Samen ist allerdings sehr fein und darf nicht bedeckt werden, da die Pflanze Lichtkeimer ist. Nach dem Erscheinen der ersten Blätter setzt man die noch zarten Pflanzen weiter auseinander, jede Jungpflanze sollte zumindest 50 x 50 cm Platz für ihre Entwicklung zur Verfügung haben. Die Stauden finden auch in Töpfen ihr Auskommen, wobei die Größe des Gefäßes an die ausgewachsene Pflanze angepasst sein muss und nicht weniger als 20 cm Durchmesser haben sollte.

Teilung

Schneller geht die Kultur über die Teilung der Wurzelstöcke, die sich leicht auseinanderschneiden lassen und gleich an den neuen Standort gepflanzt werden. Zu beachten ist hier, dass jedes Wurzelstück zwei bis drei Triebknospen behält, aus denen sich die oberirdischen Teile entwickeln. Eine günstige Zeit für das Teilen sind Frühling und Herbst.

Petersilie *(Petroselinum)*

Selbst wer kaum Gewürze verwendet, kennt und nutzt die Petersilie. Sie eignet sich zur Verfeinerung vieler Speisen und sollte in keinem Haushalt fehlen. Petersilie lässt sich auch sehr gut auf der Fensterbank oder an sonnigen Stellen als Topfpflanze ziehen. Die Petersilie ist eine mehrjährige Pflanze, die in geschützten Lagen auch den Winter im Freien übersteht. Es sollte aber ein Winterschutz ausgebracht werden, der das Kraut vor allem im beginnenden Frühjahr vor Frost bewahren muss.

Vermehrung über Samen

Vermehrt wird sie meist über Samen, die im Topf vorgezogen oder direkt aufs Beet gestreut werden können. Die Aufzucht im Topf hat den Vorteil, dass sich die Blätter früher ernten lassen. Im Haus kann bereits im Februar mit der Aussaat begonnen werden. Dabei werden 4-5 Samen pro Rundtopf mit etwa 10 cm Durchmesser eingesetzt und mit 1-2 cm Erde bedeckt. Nach zwei bis drei Wochen zeigen sich die ersten Blättchen, nach fünf Wochen kann bereits die erste Ernte erfolgen. Schneidet man nicht zu viele Blätter, können sich die Pflanzen gut regenerieren. Vorgezogenen Pflänzchen lassen sich natürlich auch gut im Garten einsetzen.

Die direkte Saat aufs Beet kann bereits ab März bis Ende Juni erfolgen – später ist es für eine Aussaat zu trocken und die Tagestemperaturen sind zu hoch. Die Samen werden in Reihensaat ausgebracht und nach dem Erscheinen der ersten Blätter auf etwa 6-8 cm Abstand vereinzelt.

WICHTIG ZU WISSEN

Zieht man es vor im nächsten Jahr wieder neu auszusäen, ist zu beachten, dass die Petersilie mit sich selbst unverträglich ist.

Das bedeutet, dass die Samen an anderer Stelle gesät werden müssen oder am alten Platz die Erde getauscht werden muss.

Frische Petersilie sollte in keinem Garten fehlen.

Von der Petersilie lassen sich Blätter und Wurzeln in der Küche verwenden.

Rosmarin kann auch an einem Südfenster gezogen werden.

Rosmarin *(Rosmarinus)*

Für den mediterranen Raum ist der Rosmarin eine Charakterpflanze. Das bedeutet auch, dass dieser Halbstrauch mit dem verholzenden Stängel in unserem Klima nicht ausreichend winterhart ist. Man kann das Gewächs als Kübelpflanze behandeln, da es sich auch in großen Pflanzbehältern wohl fühlt, die in der kalten Jahreszeit leicht an einem frostfreien Platz gebracht werden können. Über den Sommer können die Pflanzen aufs Beet oder in ein sonniges Fensterkistchen gepflanzt werden. Im Garten kann eine Abdeckung mit Reisig oder Astwerk und Stroh in milden Wintern als Schutz vor Frost ausreichen. Eine Garantie für ein erfolgreiches Überwintern im Freien gibt es aber nicht.

Vermehrung über Samen

Rosmarin kann durch Aussaat vermehrt werden. Da die Pflanze in Mitteleuropa selten blüht und fruchtet, ist man dabei auf Samen aus dem Handel angewiesen. Bereits im Februar kann das Saatgut in flache Schalen auf eine Mischung aus Blumenerde und etwas Sand gestreut und bei 18-25°C aufgestellt werden. Leider kommt es nur zögerlich und unregelmäßig zum Wachstum. Die Samen können sich anscheinend nicht so recht zur Keimung entschließen. Haben sich Pflanzen entwickelt, werden sie nach einiger Zeit vereinzelt und ab Mitte Mai, wenn keine Fröste mehr auftreten, ins Freiland gesetzt.

Eine bessere Methode ist die Vermehrung über Stecklinge. Die Pflanzenteile müssen gut ausgereift und an der Basis leicht verholzt sein und werden von Frühling bis Frühsommer geschnitten. Es können bis zu fünf Stecklinge in einen Topf gesetzt werden. Haben die Triebe einmal Wurzeln gebildet und beginnen die oberirdischen Teile zu wachsen, müssen die neu gebildeten Triebe einige Male gestutzt werden, um dichte, gut verzweigte Pflanzen zu erhalten.

Salbei *(Salvia)*

Auch von diesem oft verwendeten Kraut gibt es in zahlreiche Arten und Sorten. Sorgt man im Winter immer für ausreichenden Schutz mit einer Reisig- oder Strohabdeckung, hat man auch jahrelang Freude an den aromatischen Pflanzen. Ähnlich wie Lavendel wird Salbei im Herbst zwar zurückgeschnitten, neigt aber dazu, nach einigen Jahren zu verholzen und unansehnlich zu werden. Spätestens dann muss für junge, krautige Pflanzen gesorgt werden.

Vermehrung über Samen

Die Aussaat ist eine weitere Möglichkeit zur Anzucht von Jungpflanzen. Im Februar oder März werden die feinen Samen in Breitsaat in Schalen ausgebracht und mit Erde übersiebt. Die Saatkisten brauchen eine Abdeckung und Temperaturen zwischen 18 und 24°C, um gute Bedingungen für eine erfolgreiche Keimung zu bieten. Nach zwei bis drei Wochen haben sich die Sämlinge gebildet und können nach einiger Zeit - wenn sie sich gegenseitig im Wachstum behindern - in größere Gefäße oder Multitopfplatten vereinzelt werden. Die Jungpflanzen werden ab April mit einem Abstand von 30-40 cm auf die Beete gesetzt. Die Kräuter müssen noch vor Spätfrost geschützt werden oder man setzt sie erst nach Mitte Mai, wenn die Gefahr der frostigen Nächte vorbei ist.

WICHTIG ZU WISSEN

Eine Verjüngung der noch krautigen Pflanzen kann durch Teilung erreicht werden. Im Frühjahr - kurz vor dem Austrieb - werden die Pflanzen ausgegraben und mit einem Spaten in mehrere Teile zerlegt. Diese Stücke werden gleich wieder eingepflanzt.

Es gibt verschiedene Salbeisorten mit unterschiedlichen Aromen, die zum Experimentieren einladen.

Die pelzigen Blätter des Salbei können auch getrocknet aufbewahrt werden.

Schnittlauch *(Allium)*

Die frostharten Pflanzen haben einen fixen Platz in jedem Garten. Schnittlauch ist nicht besonders anspruchsvoll - ein halbwegs sonniger Platz, humoser Boden und ausreichende Bewässerung genügen ihm zum Leben. Achtet man nicht auf das regelmäßige Gießen, trocknen die Wurzeln aus und die Pflanzen sterben ab.

Teilung

Den einfachsten Ansatz zur Vermehrung bietet die Teilung, die alle 2-3 Jahre als Pflegemaßnahme durchgeführt werden sollte. Auf diese Weise werden die Pflanzen verjüngt und liefern immer junge, frische Halme. Die Teilung wird im Frühling oder im Herbst durchgeführt, indem man die Pflanzen ausgräbt und mit der Hand in mehrere Stücke zerlegt. Die Teile müssen an Stellen im Garten eingesetzt werden, an denen im letzten und in diesem Jahr noch kein Lauch und keine Zwiebel stand, da Allium-Arten mit sich selbst unverträglich sind. Die Pflanzen würden an den ursprünglichen Standorten nicht wachsen.

Die Blüten des Schnittlauch sind eine Zugabe zum geschmacklichen Aspekt der Pflanze.

Vermehrung über Samen

Schnittlauch kann auch über Samen gut vermehrt werden. Im Februar oder März wird im Haus mit einer Breitsaat in Saatkisten begonnen. Die Samen werden etwa 2-3 cm mit Erde bedeckt und angedrückt. Haben die Sämlinge eine gewisse Größe erreicht, werden vier bis fünf Stück in einen Pflanztopf zusammengesetzt. Auch hier kommen die Jungpflanzen erst ab Mitte Mai aufs Gartenbeet, wenn kein Frost mehr auftritt. Nach den Eisheiligen können die Samen direkt ins Freiland gestreut werden. Im Garten ist die Reihensaat die bessere Methode, da die Pflege dieser eher zarten Gewächse dann leichter ist. Auch hier wird in eine 2-3 cm tiefe Rille gestreut, die anschließend mit Erde aufgefüllt wird. Abschließend wird das Erdreich mit einem Brettchen noch angedrückt und bis zum Erscheinen der Sämlinge feucht gehalten.

IMMER MIT DER RUHE

Lässt man bereits im Frühling einige Pflanzen wachsen, bilden sie wunderschöne, lila Blüten, aus denen sich Samen entwickeln, die - bei richtiger Lagerung - für eine Aussaat im nächsten Jahr verwendet werden können.

Thymian *(Thymus)*

Die Gewürzpflanze kann nicht nur im Kräutergarten wachsen, in manchen Gärten wird sie auch als Bodendecker oder Wegeinfassung für sonnige und trockene Lagen verwendet. Das Kraut breitet sich kriechend aus, erreicht eine Höhe von kaum 10 cm. Zwischen Juli und September bildet es einen Blütenteppich.

Teilung

Teilung ist die einfachste Methode der Vermehrung. Die Pflanzen werden im Frühjahr oder Herbst ausgegraben und in mehrere Stücke zerlegt. Der Boden, in den die Teilstücke sofort wieder gepflanzt werden, soll nährstoffarm und durchlässig sein. Zu nährstoffreiche Böden kann man leicht mit Sand auflockern.

Stecklingsvermehrung

Es können auch Stecklinge genommen werden, die von Frühjahr bis Herbst geschnitten werden. In Töpfen mit Aussaaterde und Sand gepflanzt und mit einer Plastikhülle vor Austrocknung geschützt, werden die Triebe schnell Wurzeln bilden.

Vermehrung über Samen

Die Pflanzen bilden sehr feine Samen, die ebenfalls zur Anzucht von Pflanzen verwendet werden können. Das Saatgut wird von März bis Mai in Saatschalen gestreut und nur sehr dünn mit Erde bedeckt. Gut abgedeckt bilden sich bald Sämlinge, die ab Mai bei ausreichender Größe ins Freie gesetzt werden können. Das Kraut eignet sich auch für das Bepflanzen von Pflanzkisten vor südseitigen Fenstern.

Manche Thymiansorten können einen begehbaren Rasen bilden.

Thymian wird gerne an sonnigen, geschützten Standorten als Bodendecker verwendet.

Glossar

Hier finden Sie noch einmal die Erklärung häufig verwendeter Begriffe. Die Definitionen geben auch ein Bild von den möglichen Ansprüchen der Pflanzen, die es zu berücksichtigen gilt. So fällt Ihnen auch die Kommunikation mit Gärtnern und anderem Fachpersonal der grünen Branche leichter, da Sie gezielter fragen können.

Auge: Damit bezeichnet man die Austriebspunkte der Pflanzen, auch besser als Knospen bekannt.

Breitsaat: Willkürliches, breitwürfiges Verteilen des Saatgutes.

Gruppensaat: Kreisförmiges Anlegen von Aussaaten, auch Horstsaat genannt.

Immergrün: Pflanzen, die ihr Laub - egal ob Blätter oder Nadeln - auch im Winter tragen, werden immergrün genannt.

Keimruhe: Manche Samen haben bestimmte Mechanismen entwickelt, um ein zu frühes Keimen zu verhindern. Sie brauchen z.B. Temperaturen nahe dem Gefrierpunkt, ein bestimmtes Maß an Feuchtigkeit oder die Schale muss erst anrotten, damit Wasser zum Keimling vordringen kann.

Kopfsteckling: Der vordere Teil eines Triebes. Wichtig für eine weitere Kultur vor allem bei Nadelgehölzen.

Lichtkeimer: Bestimmte Samen - vor allem die sehr feinen - brauchen Licht zum Keimen. Sie werden also nur auf das Substrat gestreut, nicht bedeckt und etwas angedrückt. Gegenteil: Dunkelkeimer.

Mazerisieren: Manche Samen haben eine sehr harte Schale, die erst aufgeweicht werden muss. Dazu wird das Saatgut zum Aufquellen in Wasser gelegt.

Multitopfplatten: Diese Pflanzgefäße werden auch Multizellenplatten genannt. Sie bestehen aus aneinandergereihten und verbundenen Kleintöpfen.

Okulation: Eine Art der Veredelung, bei der eine Knospe unter die Rinde eines Sämlings geschoben wird.

Pikieren: Unter diesem Begriff wird das Vereinzeln der kleinen Pflanzen verstanden, die sich in ihrer Entwicklung nicht behindern sollen.

Reihensaat: Die Samen werden in Rillen oder Reihen ausgebracht; oft in der Gemüse- oder Berufsgärtnerei verwendet, da hier die Pflege am besten erfolgen kann.

Rissling: Bodennahe, selbständige Triebe, die mit etwas daran verbleibender Wurzelmasse abgerissen werden.

Sommergrün: Dieser Ausdruck bezeichnet Gewächse, die im Winter kein Laub tragen.

Steckling: Ein einjähriger Trieb, der mit scharfem Messer von der Mutterpflanze abgeschnitten und zur Bewurzelung gebracht wird.

Stratifizieren: Durch eine Lagerung in nassem Sand bei niedrigen Temperaturen wird die Keimfähigkeit von Saatgut verbessert bzw. überhaupt erst ausgelöst.

Substrat: Dieser Ausdruck ist ein Überbegriff für alles, worauf Pflanzen wachsen können. Dazu zählen u. a. verschiedene Erdmischungen, Sand oder auch künstliche Materialien.

Teilsteckling: Stecklinge mancher Pflanzen können in mehrere Stücke geteilt werden und treiben trotzdem.

Nützliche Adressen

Begeistert man sich für Pflanzen, möchte man auch Kontakt zu anderen Menschen haben, die ihre Leidenschaft für Gärten leben. Nur hier kann man auf Verständnis hoffen. Die Adressen und Literaturangaben sollen eine Hilfestellung bieten.

Verein Arche Noah
Gesellschaft zur Erhaltung und Verbreitung der Kulturpflanzenvielfalt
Obere Straße 40
A-3553 Schiltern
www.ache-noah.at

HBLFA Schönbrunn
Grünbergstraße 24
A-1130 Wien
www.hblagart.bmlf.gv.at

Österreichischer Baumschulverband
Haidestraße 22
A-1110 Wien
www.baumschulinfo.at

ÖGG – Österreichische Gartenbaugesellschaft
Siebeckstraße 14
A-1220 Wien
www.garten.or.at

Bundesverband Deutscher Gartenfreunde
Platanenallee 37
D-14050 Berlin
www.kleingarten-bund.de

Deutsche Gartenbau-Gesellschaft 1822 e.V.
Webersteig 3
D-78462 Konstanz
www.dgg1822.de

Gesellschaft für Staudenfreunde
Eichenstr. 5
D-67259 Beindersheim
www.gds-staudenfreunde.de

Literatur

Bärtels, Andreas
Gehölzvermehrung
Aussaat, Veredelung, Steckholz, Stecklinge.
Stuttgart: Ulmer Verlag, 2008

Bärtels, Andreas
Gartengehölze
Bäume und Sträucher für mitteleuropäische und mediterrane Gärten
Stuttgart, Ulmer Verlag, 1991

Bürki, Moritz
Sommerblumen, Anzucht und Verwendung
Bernhard Thalacker Verlag, Braunschweig, 1995

Heistinger, Andrea/Arche Noah/Pro Specie Rara (Hrsg.):
Handbuch Samengärtnerei
Innsbruck: Loewenzahn, 2004

Kawollek, Wolfgang und Marco
Alles über Pflanzenvermehrung
Methoden, Praxis, Handgriffe
Stuttgart: Ulmer Verlag, 2008

Köhlein,Fritz/Feßler, Alfred (Hrsg.)
Kulturpraxis der Freiland-Schmuckstauden
Stuttgart: Ulmer Verlag, 1997

Kreuzer, Johannes
Kreuzers Gartenpflanzenlexikon
Braunschweig:
Bernhard Thalacker Verlag, 1999

Sommer, Niels
Gehölzsortimente und ihre Verwendung
Wien: avBuch, 2007

Register

Garten ZEIT

Die neue Ratgeber-Reihe von avBUCH

- Kompetente Praxisinformationen vom Experten
- Attraktives Layout
- Exzellentes Preis-Leistungs-Verhältnis
- Kurze Texte, leicht verständlich erklärt

ISBN 978-3-7040-2322-3
€ (A, D) 10,95

ISBN 978-3-7040-2326-1
€ (A, D) 10,95

ISBN 978-3-7040-2325-4
€ (A, D) 10,95

ISBN 978-3-7040-2323-0
€ (A, D) 10,95

ISBN 978-3-7040-2327-8
€ (A, D) 10,95

ISBN 978-3-7040-2324-7
€ (A, D) 10,95

av BUCH
www.avbuch.at